VIVIR SIN IDIOMA

Rafael González Tejel

VIVIR SIN IDIOMA

Historias de migración desde la enseñanza de la lengua

Primera edición: diciembre 2022

ISBN: 978-84-126256-5-3
Depósito legal: M-29251-2022

Ediciones Passer
Madrid
info@edicionespasser.com
www.edicionespasser.com

Impreso en España

A Naila

«La UE está fundada en base a valores universales e indivisibles de la dignidad humana, la libertad, la igualdad y la solidaridad»
(CARTA DE LOS DERECHOS FUNDAMENTALES DE LA UNIÓN EUROPEA)

«El exilio ha sido como mi patria, o como una dimensión de una patria desconocida pero que una vez que se conoce, es irrenunciable»
(MARÍA ZAMBRANO)

«Yo vengo de otro mundo y no comprendo
cómo he llegado aquí, qué pretendéis
de mí, si no es amor no esperéis nada»
(JUAN VICENTE PIQUERAS)

INTRODUCCIÓN

Una clase vacía es un desierto de silencio ante la ausencia de murmullos y de movimiento de mobiliario. Es la nostalgia que provoca el abandono del ruido de los rotuladores caídos al suelo. Es un reloj roto, un paréntesis en el fragor de la enseñanza, un sinsentido en el tablón de horarios, un terreno baldío a la espera de reanimación.

Hoy no ha venido nadie al aula y la profesora no se explica los motivos de tal ausencia colectiva. Los casi treinta estudiantes suelen avisar ante cualquier imprevisto y esta vez no hay señales en el grupo de clase del móvil ni en el registro de llamadas perdidas. La mayoría, muchachos entre los 18 y 35 años, son de Senegal, aunque también los hay procedentes de Gambia, Mali y uno de Sierra Leona, el único que habla inglés y que llama la atención porque se relaciona poco con el resto. Llegaron a España hace dos meses en el mismo cayuco. El viaje duró seis días, desde que zarparon de costa senegalesa hasta que fueron rescatados por una embarcación de Salvamento Marítimo a escasas millas de Maspalomas, sur de Gran Canaria. Se encontraban a la deriva, con personas enfermas a bordo, el motor fuera de servicio desde varias horas atrás y las provisiones casi agotadas.

Fueron trasladados al CIE (Centro de Internamiento de Extranjeros) de Hoya Fría, en Santa Cruz de Tenerife, uno de los dos activos en las Islas Canarias. Allí permanecieron encerrados durante sesenta días, el máximo estipulado por la legislación española. Tarea laboriosa extraer de alguno de ellos un recuerdo o extracto de aquella estancia. Casi ninguno sabía dónde estaba exactamente ni qué hacía en ese lugar. Nadie tuvo el detalle de explicárselo. «Nada, todo el día sin hacer nada», como resumen con la mejor nota. Las penurias del viaje mejor olvidarlas, ni mencionarlas, al menos en esas primeras interacciones todavía desprovistas de un mínimo de confianza con el interlocutor.

Tras esos dos meses en aquella zona de detención, una treintena de personas del largo centenar que llegaron hacinadas en la misma embarcación fueron destinadas al centro de acogida de Gran Canaria en el que desde hace un año venía organizando las clases de español. Mi tarea consistía en estructurar los horarios, repartir los grupos, evaluar el nivel de los recién llegados, preparar y entregar los materiales de estudio y asignar el profesorado y el aula correspondiente, aparte de la machacona labor de relleno de informes y justificaciones de índole variada de cara a los reportes ministeriales de turno. En cuanto podía reservaba con mi nombre y apellidos alguna hora lectiva y me metía en clase, rotulador y borrador en mano, para evitar que el papeleo y el tecleo terminaran por engullirme y hacerme desaparecer.

El primer día en el centro recibieron ropa, pudieron telefonear a sus casas en llamadas con tiempo restringido y se distribuyeron por las habitaciones. Me llamó la atención lo rápido que solicitaron clases de español, casi antes de preguntar si podían realizar la mencionada comunicación telefónica a algún familiar o amistad. «¿Cuándo vamos a empezar?», interpelaban algunos a aquellos trabajadores con los que se cruzaban, con el plato de sopa de cebolla todavía humeante en la mesa del minúsculo comedor que se había dispuesto para recibirles.

Las clases comenzaron hace una semana y la profesora designada se quedó sorprendida desde el inicio ante lo que se encontró: un grupo en general deseoso de aprender. Alumnos intuitivos y motivados pese a lo reciente que tenían los penosos trances experimentados. Había también rostros apagados y taciturnos que transmitían cautela en el intercambio de miradas. Algunos apuntaban en su cuaderno con un ansia no disimulada lo hasta entonces desconocido, otros recurrían a la memorización como técnica en su primer contacto con la lengua española y la mayoría no reaccionaba a las explicaciones y dejaba las piernas estiradas hacia el infinito en una silla que se les quedaba pequeña. Aquellos que tenían nociones o dominaban el francés buscaban e interpretaban las similitudes fónicas en el léxico y comparaban las estructuras de ambos idiomas, una ayuda inesperada con la que no contaban de antemano. Asistían sin saberlo al despertar de su conciencia lingüística, adormecida hasta entonces. Había otros que lo pasaban peor. Hablaban únicamente wolof o bambara, lenguas cuya codificación escrita les planteaba inconvenientes al no ser enseñada en las escuelas, donde siguen aplastadas bajo el peso del idioma colonial y son escasos los que crecen controlando esta faceta o, siendo menos exigentes, con conocimientos básicos.

Entre estos dos grupos, mezclados, se movía un tercero, el de las personas no alfabetizadas. Gente como Abdoulaye, con dificultades para orientar correctamente su corpachón a la búsqueda de la posición adecuada para facilitar sus primeros escarceos con la escritura. Se suele sentar en las primeras filas y es de los más puntuales en llegar a clase cada mañana. La puntualidad, una rareza exagerada en estas coordenadas. Acaba de aprender a escribir su nombre y apellido con un cuaderno de caligrafía de preescolar que un niño hondureño también alojado en el centro le ha regalado. Presume de ello ante cualquiera que se cruce en su camino. Dejó la escuela a los seis años y se puso a trabajar ayudando a su padre en la venta ambulante. Hoy está entre los que no han venido.

La profesora calcula el límite de espera y de su paciencia antes de recoger los materiales que había preparado y anular definitivamente la sesión a desarrollar en ese aulario situado a unos diez minutos del centro de refugiados. Fuera llueve y sopla un aire molesto, un viento que tiñe las calles de polvo rojizo y que se agita rebelde con la rudeza con la que suele hacerlo en Vecindario, municipio de indescifrables códigos sociológicos ubicado a una treintena de kilómetros de Las Palmas de Gran Canaria, uno de los lugares más desconcertantes que uno haya podido ver en todos los años de docencia por países de diferentes continentes. El viento enloquecedor que hay casi a diario en la localidad se mezcla con precipitaciones pétreas y discontinuas que, como sucede hoy, golpean con violencia un territorio áspero sobre el que jornadas anteriores chocaban con regularidad fibrosos rayos de sol.

Al llegar de vuelta al centro, la profesora se topa con uno de esos alumnos ausentes, entretenido en la puerta de entrada con una aplicación lingüística del móvil y a cubierto de la pertinaz lluvia. Pronto se unen a la conversación otros dos compañeros de clase que también lo son del piso externo en el que temporalmente, no podrán permanecer más de tres meses, han quedado alojados. A la pregunta de por qué no han asistido a la lección replican a la docente con una cara de extrañeza y asombro, como si tuvieran enfrente a un ser de otra galaxia que hablara un lenguaje inaprensible. Que por qué no habéis venido, insiste la profesora. No era necesaria tal repetición, habían comprendido la pregunta nada más arrancar la conversación. Lo que sucedió es que se les revelaba como inaudito que se les instara a ir a clase mientras el cielo descargaba agua con tanta agresividad. Desde su punto de vista tormenta y asistencia a clase eran fenómenos contrarios, inasumibles, pura contradicción. Las lógicas de los interlocutores habían colisionado. La profesora, desde la lectura de su experiencia personal y sociocultural, no pudo anticiparlo. Yo tampoco lo hubiera adivinado.

Dar clase a un alumnado de estas características exige estar predispuesto a lo inesperado. Hay que permanecer atento a las eventualidades, ser empático ante la singularidad. Exprimiendo el tópico, se aprende incluso más de lo que se enseña. Gente de países tan diferentes, tantas biografías que se dejan detrás y que buscan reescribirse, tanta supervivencia y extrañeza en el ahora y tantos proyectos, esperanzas, miedos e incertidumbres por delante. Anécdotas, malentendidos, enfados, risas y alguna lágrima puesta en común, como las respuestas abiertas de muchas actividades de aula que se les proponen.

La acogida y este tipo de enseñanza no son actos caritativos ni deben estar dominados por las buenas intenciones. Son rigor, respeto, profesionalidad y, sobre todo, intercambio, reciprocidad. La docencia en este contexto multiplica los puntos de vista, resquebraja certezas, enriquece percepciones, vapulea principios metodológicos que parecían intocables, genera un compromiso mutuo inesperado y permite afirmar que cuántos más sean los que la experimenten, más barreras caerán y más incidirán en esta área las políticas de apoyo institucional.

Historias de aula que se acumulan en lo que se constituye un doble aprendizaje, el del que lo aborda desde la pizarra y aquel del que se sienta detrás del pupitre. Docentes cuestionando paradigmas de enseñanza que se creían irrefutables. Estudiantes que sobrepasan y empequeñecen la definición del concepto. Personas que llegan tras un largo viaje, en ocasiones con destino incierto y en el que pueden poner en juego hasta la vida, su última oportunidad, y en unos días ya están con su cuaderno y bolígrafo entonando un alfabeto hasta entonces desconocido, aprendiendo los saludos o recitando los números del cero al diez.

Las clases sociales se difuminan en ese espacio común. Pueden compartir aula desde ingenieras en energía nuclear hasta pastores de un poblado que no aparece en el mapa de Google. Les une un mismo objetivo, descifrar el conjunto de reglas y secretos de la lengua española[1]. Es un requisito indispensable para facilitar la adaptación y lo asumen desde variables y conductas diferentes, desde la hipermotivación y el entusiasmo hasta la desidia o la negación.

El que viene es un recorrido entre ese cuadrilátero que constituyen docencia, aprendizaje, contexto y migración, modelado a través de experiencias y reflexiones propias recogidas enseñando español a niños, adolescentes y adultos en Polonia, Francia y Argelia y finalmente en España en programas para solicitantes de asilo, refugiados y personas migrantes en general, deteniéndose especialmente en estos últimos colectivos, los que presentan una mayor vulnerabilidad, menor atención institucional e investigadora y que, sin ningún lugar de dudas, supusieron una vez dentro del aula un encuentro con lo extraordinario.

Uno de los capítulos de la obra se detendrá en el conocido examen DELE A2, cuyo nivel tiene origen en la escala de conocimientos que se exigen para obtener la nacionalidad española en un criterio lingüístico determinado por el Ministerio de Justicia del Gobierno de España. La inscripción al examen, tutelado

1 Este libro hace referencia a la enseñanza de lengua y cultura española porque las experiencias personales que recoge se circunscriben a regiones donde el español es la única lengua oficial. Cabe decir que la enseñanza de lenguas cooficiales como el catalán, valenciano, gallego y euskera es igualmente importante a la referida en su contexto autonómico concreto.

por el Instituto Cervantes, supone un importante desembolso económico para los postulantes, otro más en ese interminable periplo que es el acceso a la nacionalidad. Como veremos, es una nueva barrera que se alza para obstaculizar y frenar bajo criterios puramente políticos y económicos historias sólidas e irrefutables de integración.

Ese nivel A2 es, de esta manera, otra metáfora idónea para validar un sistema que pone mucho de su parte para dificultar el acceso de muchas personas a una vida digna y en correspondencia a unos mínimos exigibles, también en lo relacionado con el aprendizaje del idioma. La pandemia provocada por la aparición de la Covid-19 ha agudizado esta situación de indefensión, vulnerabilidad y de dejadez hacia el colectivo migrante, claramente reflejada en la merma continua de derechos y garantías que está asentándose en el sistema de asilo, en la normativa jurídica y, de forma añadida, en las políticas lingüísticas. Denunciarlo, en este caso desde estas páginas, más que una obligación, supone un deber.

1. LA CLASE

I.

Vienen de zonas que no sé situar en el mapa. Me hablan de conflictos desconocidos y de problemas que nunca escuché en las conversaciones de mi entorno. Se manejan en varios idiomas, los mezclan, hacen malabares con ellos. Se inventan palabras, estiran las conocidas y las comparten mediante dialectos que llegan a usar para distinguirse de individuos de su misma nacionalidad. Sus estilos de aprendizaje chocan con los míos, son opuestos a los que yo puse en práctica durante el periodo de estudio y posterior desarrollo profesional. Suelen aparecer con carencias de alfabetización y sus pautas de comportamiento en el interior del aula difieren de las convenciones a las que estaba habituado. Acuden a las primeras clases con cautela, con el mismo miedo a lo incierto del niño que debuta en la guardería, con la desconfianza natural del recién llegado que todavía no tiene claro dónde está, cómo actuar ni a quién acercarse.

Ningún curso, y menos en formación oficial y reglada, me había preparado para afrontar con las exigencias mínimas requeridas a un alumnado de estas características. Está a punto de empezar la primera clase y los nervios no solo se hacen notar entre los nuevos propietarios de los pupitres.

II.

Hace ya unos años trabajé como profesor de la asignatura de Español en un colegio público del extrarradio de París, concretamente en Saint-Denis, comuna situada al norte de la capital francesa. El centro pertenecía a la red que el Ministerio de Educación de Francia denomina ZEP+. Son las siglas de *Zona de Educación Prioritaria*, en referencia a aquellas áreas donde se acumulan en un elevado porcentaje estudiantes de familias desfavorecidas. Al rellenar el formulario de la Academia de Versailles, nada que ver con Versalles ni la suntuosidad de su Palacio Real y alrededores, elegí conscientemente impartir clase en un colegio de estas características, empujado por el deseo, no exento de una evitable e ingenua benevolencia difícil de obviar y mal digerida en aquel momento, de contribuir con el trabajo allá donde más se necesitara, ese construir un mundo mejor que direcciona los pasos de tanto idealista al que el choque con la realidad todavía no ha resquebrajado el cascarón. Lo cierto es que los primeros meses fueron lo más parecido a visitar el nivel más profundo del infierno de Dante.

Fue una experiencia de un par de años cuyos recuerdos todavía acompañan, se presentan casi a diario en la práctica del ejercicio profesional y que solo la perspectiva y el paso del tiempo ha permitido valorar e interiorizar de forma neutra y hasta positiva. Resistí hasta el final de los contratos, y esa es la línea fantasmal que no se puede lucir en un CV y de la que más orgullo se puede sentir. Aquellos cursos convalidaron por los años previos dedicados a la docencia de español como lengua extranjera, tanto en el Instituto Cervantes como en academias privadas e institutos de otros países. Me dejé atrapar por la vorágine del trabajo cuando antes la había esquivado con *lafarguiana* obstinación. No conseguí desconectar en los contados ratos libres que dejaba la carga administrativa, la planificación de clases, el horario lectivo y, sobre todo, los efectos de la pesada mochila emocional de sentimientos y emociones contradictorias que traía cada jornada en el largo camino de vuelta a casa, dos trenes y un autobús que me dejaban exhausto en un polvoriento piso de un olvidable municipio de la periferia donde la Torre Eiffel no se veía, ni ganas.

Por primera vez pude trabajar en un aula multicultural y tuve que acometer problemas de gestión de clase: enfrenté comportamientos desafiantes por parte de una minoría de alumnos y conviví con situaciones con un notorio componente violento, por un lado, y profundamente empáticas y hermosas por otro. Todo en un contexto en el que no controlaba sus códigos de funcionamiento y en una lengua que no dominaba a la perfección a pesar de que los certificados y mi confianza acreditaran previamente lo contrario. Eso desgasta, quita mucha energía. Nada sucedía de la forma en la que mi cabeza lo tenía planeado. El conjunto generaba una tensión que me agarrotaba al despertar cada mañana y que no me abandonaba ni cuando salía del centro y me despedía con unos gestos heredados del hip hop, respeto de *banlieue*, del vigilante que custodiaba la única puerta de acceso y salida del recinto. De vez en cuando nada más salir debía esquivar a una muchedumbre agolpada a la expectativa de alguna pelea pactada de antemano. Kickboxing como materia extraescolar.

Constituyó una etapa de redescubrimiento, enfrentado a unos retos inéditos a diario, alejado de la comodidad y de tantas rutinas preestablecidas como las que me atenazaban después de años dando clase a perfiles similares de alumnos, adultos que deseaban, la amplia mayoría, aprender español más por asuntos de desarrollo profesional o por inquietudes personales que por obligación o por un imperativo de integración en un sistema hasta entonces ajeno.

Recuerdo uno de los primeros días de clase en aquel colegio con un grupo de 5ème, la equivalencia a 1º ESO en España, con chavales de 11 y 12 años, en esa edad en la que están a punto de traspasar la frontera entre la espontaneidad y la meticulosidad en la ejecución de sus actos. En medio de una lección sobre gentilicios, nacionalidades e idiomas, decidimos escribir en la pizarra las lenguas que hablaban en casa con sus familias, plasmar en un dibujo de gran tamaño una especie de atlas lingüístico del grupo. Salieron más de treinta en la pizarra, que se quedó pequeña al intentar colorear las banderas. De algunas de ellas no había oído hablar, aunque más tarde verifiqué que hubo algún chaval que me intentó colar, con éxito en aquel justo instante, un idioma hablado solo en su imaginación.

En ese momento tomé conciencia de la auténtica dimensión del concepto de multiculturalidad y observé como un reto ese proceso de adaptación doble, la mía respecto a los diferentes orígenes, procedencias y estilos de aprendizaje del alumnado, y la suya a mi mirada y forma de ejercer la docencia. La clase convertida en un laboratorio de trasvase de conocimientos y experiencias que hasta entonces discurrían por márgenes opuestos.

III.

Recurro a la experiencia vivida en el extrarradio parisino para conectarla a lo que supone dar clase a el colectivo migrante, en este caso haciendo referencia a adultos inmersos en lo que sería el país de acogida. No fue hasta muy recientemente cuando se consideró profesionalizar, al menos hasta unos mínimos indispensables que no produjeran sonrojo, la enseñanza de español a solicitantes de asilo y protección internacional. Los destinatarios de este tipo de aprendizaje son aquellas personas que demandan el estatus de refugiado al tener que salir de su país al ser perseguidas por motivos de raza, religión, nacionalidad, opiniones políticas y pertenencia a determinado grupo social, de género u orientación sexual, tal y como establece el tan manoseado y menos respetado Convenio de Ginebra en su Estatuto de los Refugiados de 1951.

Antes de que esto sucediera, las clases a este colectivo las solían impartir voluntarios sin remuneración económica o trabajadores de ONG que doblaban tareas. Gente que cedía su tiempo al servicio de esta labor, que les rendía beneficios individuales y por la que contribuían, para quien quisiera creerlo, a edificar una sociedad menos imperfecta.

Todavía hoy el grueso de la formación lingüística que se ofrece para el alumnado migrante se sustenta en el amateurismo y la voluntad y empeño de la sociedad civil. En base a la experiencia clasificaría a los profesores voluntarios en tres grandes grupos. Hay que matizar que no son los únicos y que, como cualquier generalización, esta tiene su cuota de injusticia. Las personas que ejercieron la docencia durante su trayectoria profesional y que ya se han jubilado son en su mayoría las más cumplidoras. No han perdido todavía el entusiasmo por su trabajo ni el afán por mejorar. Se muestran abiertos a opciones formativas y se sienten poseedores de una experiencia vital valiosa para ser transmitida. En segundo lugar, se sitúan los que vienen a cubrir una especie de cuota autoimpuesta de solidaridad que luce decorosa en la esfera personal y con cuya inconsistencia hay que mediar a lo largo del calendario académico. Un elevado porcentaje abandona antes de concluir un curso completo, con la excusa más habitual de la falta de tiempo, pero otros se entregan inesperadamente y aguantan. Ver su dedicación hasta el final produce una satisfacción especial, conmueve. Por último, están aquellos estudiantes de últimos años de carrera o de máster que tienen que cumplimentar unas horas de prácticas y consideran que la mejor manera de pasar por este trámite obligatorio es ofreciendo de forma temporal un servicio a la comunidad.

El notable incremento de las cifras de solicitantes de asilo y de protección internacional que se ha registrado en los últimos años en España[2] obligó a las instituciones públicas a reaccionar y tratar de paliar las carencias arrastradas en el área de formación lingüística por herencia de los diferentes proyectos gubernativos. En un análisis técnico se relacionó la precariedad a la que se veían abocadas la mayoría de las personas receptoras de protección internacional con la falta de dominio en el manejo del idioma. Estudios como el de Van Tubergen y Kalmijn (2005)[3] demuestran que el de los refugiados es el grupo porcentualmente menos competente en la lengua del país de acogida en comparación con otras categorías de personas migrantes. Según su investigación, solo una persona refugiada de cada dos, con más de diez años de residencia en un país de la Unión Europea, logra adquirir un conocimiento avanzado de la lengua. La asunción de esta realidad terminó derivando en la creación de una partida presupuestaria específica destinada a fomentar en las principales organizaciones del ámbito la creación de un servicio de enseñanza y aprendizaje de español para el colectivo.

Puestos los pilares, en la actualidad se deber seguir reclamando mejoras en la intervención. Faltan necesidades básicas como una programación unificada, una evaluación basada en parámetros ob-

2 Pese a las restricciones fronterizas derivadas de la pandemia, 2021 se cerró con España como tercer país de la UE en número de solicitantes de asilo tras Alemania y Francia, con 65.404 solicitudes.

3 Van Tubergen, F. y Kalmijn, M.: "Destination-Language Proficiency in Cross-National Perspective: A Study of Immigrant Groups in Nine Western Countries". American Journal of Sociology, nº 110 (5). 2005. pp. 1.412-1.457.

jetivos y ajustados al alumnado base, manuales rigurosos y elaborados bajo criterios didácticos específicos y profesionales con formación específica. Al final, cada ONG que trabaja en el sector del asilo y la acogida y el equipo docente encargado de impartir clase son los que definen estos criterios a partir de sus condicionantes, identidad corporativa, autoexigencia o simple azar, a falta de una puesta en común y de una deseable planificación conjunta en la que debieran estar involucrados todos los agentes del área bajo un amparo institucional que arropara y diera coherencia y oficialidad a la tarea. Todo se mantiene a día de hoy en el desorden y en el azar, aunque ya hay en marcha interesantes proyectos colectivos como el puesto en marcha por el Departamento de Educación del Consejo de Europa bajo la denominación de Laslliam (*Alfabetización y Segunda Lengua para la Integración Lingüística de los Inmigrantes Adultos*).

Las posibilidades de aprender español menguan casi hasta la desaparición una vez se sale del sector de solicitantes de asilo. Aparte de la oferta privada, el grueso de la enseñanza del idioma a personas migrantes queda en manos de recursos autonómicos o municipales previo pago en ocasiones de cantidades muchas veces inasumibles. Una opción que se enmarca entre las menos costosas es la que sale de las ONG. Su oferta la sujetan voluntarios o aparece enmarcada en proyectos basados en la duración específica de una subvención, breve por lo general, y que suelen derivar en una molestia para el técnico de turno al que le toque de rebote la responsabilidad de coordinarlos.

IV.

La indiferencia ha constituido así el marco general al que se han adscrito las políticas lingüísticas destinadas a este colectivo desde que la cuestión de la inmigración empezó a escribir páginas relevantes en la evolución sociodemográfica de España y a ser asumida como una realidad inevitable.

Indiferencia, como la mía.

Antes de ponerles nombre, yo era como el resto, introducido en la misma burbuja que tanto esfuerzo cuesta agrietar, ya no romper, y habituado a ver desde la barrera el sufrimiento de otras personas. Ellos eran un número, una etiqueta, una masa indescifrable, un colectivo lejano a mis intereses. El vendedor pakistaní del comercio de abajo o aquel otro compatriota que pasaba las tardes en el banco del parque. La mujer silenciosa que conducía a aquellos gemelos rubios en un carrito de dos plantas superpuestas y con la que me cruzaba en las carreras matutinas por los alrededores de casa. El camarero senegalés que me atendía en una céntrica terraza de Madrid y me servía un delicioso mafe con salsa de cacahuetes. El vecino marroquí que se ponía la camiseta de Iniesta cuando jugaba la selección española. Eran aquellos ocupantes de barcazas que zarpaban en la clandestinidad de la noche, siluetas en la oscuridad, corredores de fondo sin meta conocida.

No había apellidos ni historias detrás, tampoco países a los que diferenciar unos de otros. Con mi silencio aprobaba tácitamente los comentarios despectivos que escuchaba en cierta gente del entorno, hasta en círculos presuntamente de izquierdas y progresistas. Me faltaba contexto, conocimiento, datos y, sobre todo, interés para rebatir esas maldades tantas veces disfrazadas de ocurrencia con las que distender el ambiente o animar al grupo de turno de la red social. Tenía miedo del enfrentamiento, a pesar de que me considerara cargado de razones, como aquella ocasión en la que tres estudiantes de una de mis clases en el Instituto Cervantes de Cracovia, en Polonia, se acercaron a la ventana y, tras observar lo que sucedía en la calle, donde se celebraba una manifestación fuertemente escoltada por la policía en la que se reivindicaban los derechos LGTBI, empezaron a burlarse y a hacer bromas sobre los participantes, que extendieron a cuestiones raciales. Tras solicitar educadamente a los bravucones que se sentaran, proseguí con la insípida explicación de algún asunto gramatical irrelevante en la pizarra electrónica, como si nada hubiera sucedido.

La indiferencia y permisividad de aquel día, como en tantas otras ocasiones del pasado, todavía irrumpe en la bruma de los recuerdos. Me pregunto si queda mucho, poco o nada de ese aquel otro que fui, preso de lo que se ha venido a denominar globalización de la indiferencia, y que en tanto todavía considero que sigue siendo el mismo, anclado en una reconstrucción interminable e imperfecta, rodeado de un exceso de interrogantes y esquivado por las certezas absolutas.

V.

En 2015 se ensanchó el concepto de crisis migratoria en Europa. Cerca de un millón de personas alcanzaron costas del continente, el 75 por ciento según datos de ACNUR (Alto Comisionado de las Naciones Unidas para los Refugiados) huían de un conflicto bélico, fundamentalmente los perpetuados en Siria, Afganistán e Irak. La fotografía del cadáver del niño sirio Aylan Kurdi en una playa turca, tras fracasar la embarcación en la viajaba en su intento de tocar costa griega, traspasó continentes y potenció la movilización y la conciencia de estar ante una tragedia colectiva. Cientos de miles de retuits, oleadas de solidaridad occidental movidas por la emoción y la histórica frase de la canciller alemana Angela Merkel («podemos hacerlo») en referencia a la capacidad de acoger en su país a parte de esos refugiados. Al otro lado, auge del totalitarismo, centros de detención a rebosar, nuevos discursos del odio, gobiernos al quite aprovechando desgracias para captar votantes y muros levantados con precipitación pese a las tibias amenazas de la Unión Europea de cortar el flujo económico y expulsar a estos países de la pandilla. «Nadie os ha invitado a venir», les espetó Milos Zeman, presidente de la República Checa. Seis años después, en 2021, el panorama poco había cambiado. Ursula Von der Leyen, presidenta de la Comisión Europea calificaba de «ataque híbrido para desestabilizar a Europa» la presencia de miles de personas migrantes, afganos y sirios en gran parte, en la frontera entre Bielorrusia y Polonia. Solo unos meses después, finales de febrero de 2022, la misma Von der Leyen hablaba así de los centenares de miles de refugiados provocados por la invasión rusa de Ucrania: «Estamos preparados y todos son bienvenidos». Vista la envergadura y gravedad que fue tomando esta crisis humanitaria, en los días siguientes los países de la Unión Europea activaron una directiva de emergencia que otorgaba una protección temporal de un año renovable «en caso de afluencia masiva de personas desplazadas», como estaba siendo el caso.

En aquel 2015 acababa de llegar a Argelia para dar clases de español tras una experiencia de cinco años en Polonia. Argelia, un país inesperado, casi anónimo en mi círculo y un poco más en los alrededores, un sitio del que apenas se escucha si no es bajo un chaparrón de tópicos malencarados. Aquella tierra ignorada, perdida a lo lejos, con sus indígenas incomprensibles, sus soldados molestos y sus franceses exóticos, como la describiera Albert Camus en 1955, siete años antes de conseguir la independencia tras una cruenta guerra de liberación. La misma Argelia desde la que hoy salen miles de jóvenes en un intento desesperado de tocar costa española. Los datos oficiales dicen que en 2020 el país norteafricano ocupó el primer lugar de nacionalidades llegadas a España, por encima de la marroquí. En Argelia a estas personas se les denomina *harragas*[4], los migrantes que escapan del país para dejar atrás la miseria.

4 En árabe argelino el significado literal es 'aquellos que queman', en referencia a las personas que migran clandestinamente y se ven obligadas a quemar sus documentos antes de partir.

También en ese mismo 2015, mientras mis nuevos estudiantes me enseñaban a escribir mi nombre en árabe y me hacían sentir por primera vez como una persona importante en sus vidas, salían desde el norte de Argelia hacia España centenares de jóvenes de zonas desfavorecidas, jugándose la vida en esos escasos kilómetros que separan la única expectativa de un destino marcado por la pobreza de un futuro que creen mejor. Todo esto se desarrollaba ante mi inequívoca mezcla de ignorancia e indiferencia. Eran pocas las noticias que sobre este fenómeno reflejaban los medios de comunicación locales, que consideraban que invisibilizarlo era la mejor forma de hacerlo desaparecer del debate público. Encontré algunas referencias de otro tipo de inmigración. Diferentes reportajes hablaban de problemas de convivencia, tirando de eufemismo para tapar otras cuestiones más espinosas, en residencias universitarias de Argel. Estudiantes procedentes de países como Mali o Camerún denunciaban sufrir racismo por parte de compañeros de estancia. El problema seguiría por mucha venda en los ojos que se quisiera aplicar.

A veces, en el camino al trabajo, un descenso serpenteante por callejuelas desde el barrio de El Biar hasta desembocar en la magna avenida Didouche Mourad, veía a gente sin hogar, migrantes africanos que llegaron desde el sur. Muchos se quedaban en los alrededores de la imponente mezquita Al Rahma, antigua iglesia cristiana y que estaba a apenas una treintena de metros del Instituto Cervantes. Surgían cuando terminaba la oración y recibían alimentos de la gente que salía y de algunos vecinos de la zona para después volver a desaparecer con sigilo. Rostros habituales con los que me cruzaba a diario y con los que en alguna ocasión intercambié algunas palabras, pero a los que nunca puse nombre ni traté de indagar la historia que guardaban dentro.

Hay una imagen que la memoria se niega a borrar. Pertenece al antiguo cine Cosmos, situado en una estrecha calle paralela a Didouche Mourad, cercana también a la mezquita del barrio. Antaño lugar de peregrinaje de gente con avidez cultural, su estampa cuando pasaba por allí asustaba, más propia de una película de terror. El exterior se encontraba en ruinas, con el rótulo caído y un telefonillo del que colgaban los cables de los botones que algún día allí se instalaron. Había leído sobre algún proyecto de rehabilitación que nunca se llevó a cabo. La fotografía se completaba con la ropa tendida que se podía ver en la primera planta del edificio. Un profesor argelino me dijo días más tarde que pertenecía a una familia somalí que se instaló en la antigua sala de proyecciones, ya sin electricidad, agua ni nada que clamara por algo de dignidad.

En aquellos tiempos en los que ni siquiera la inmadurez podía servir de justificante, la única concesión a la inquietud venía en forma de comentarios superficiales mientras las noticias sobre personas migrantes se colaban en la escaleta de los informativos. Cifras y estadísticas, imágenes de pateras, cayucos o lanchas desde la distancia, planos abiertos y para terminar declaraciones policiales o institucionales y cada vez más frecuentes las de vecinos enfadados por la gestión del asunto, considerada perjudicial a sus intereses. Caldo de cultivo para los mensajes de enfrentamiento, alimento para la extrema derecha y los que la alientan, también con su equidistancia y mirando hacia otro lado, como se viene comprobando en la mayoría de los países de la Unión Europea.

Pocas veces se les ofreció un micrófono a los protagonistas con el que pudieran relatar la historia que había detrás de ese periplo migratorio. Eso llegaría al compás de las grandes conmociones, antes de diluirse en la monótona rutina de la normalidad, con una opinión pública que ya parece fatigada para este tipo de relatos y que se inclina por otros más mascados y peligrosos en su simplicidad. Darles voz serviría, al menos y a quien le interesase, para reflejar que sus relatos, la mayoría, permanecen cubiertos por la tristeza, la pérdida, la incertidumbre y el abandono, pero también la esperanza y las expectativas. Todavía hoy busco entre los recién llegados a mis clases alguna conexión con aquellos rostros que mi memoria custodia y no olvida, porque puede ser que el destino haya vuelto a unir nuestros trayectos en el ahora y en un lugar diferente. El realmente deseado por ambas partes, o, todo lo contrario.

VI.

Una búsqueda simple en la red despliega al instante datos de 2020 sobre la llegada a España de personas migrantes, de las calificadas por los medios como irregulares o ilegales, ya sea por vía terrestre o marítima. Si se insiste en la exploración abundan las noticias, las notas de prensa institucionales y las estadísticas oficiales que subrayan con estruendo y se deleitan con términos como pateras, cayucos, vallas, concertinas, naufragios, controles policiales y sin papeles. Mayores complicaciones se registran para extraer el dato preciso de migrantes llegados a España en 2020 sin diferenciarlos por criterios políticos o burocráticos, lo que sería la cantidad total. Una nota del Instituto Nacional de Estadística confirmaba que el número de extranjeros había aumentado en 99.183 personas durante el primer semestre de 2020, pese a la pandemia y las restricciones fronterizas. Colombia, Venezuela y Marruecos, primer país no hispanohablante que aparece en el listado, figuran como las tres primeras nacionalidades.

Números y gentilicios que esconden historias individuales, gente que ha dejado ya en la lejanía la tierra en la que crecieron, costumbres que hicieron suyas desde la infancia y que, restando a aquellas que llegaron con el español como lengua nativa, se ven despojadas de la principal herramienta de comunicación. El desconocimiento de la lengua les impide profundizar en sus explicaciones, les quita la opción de matizar, de aplicar las emociones a lo relatado, de poner racionalidad, pausa y calma a un discurso que desde la distancia juzgamos de atropellado o directamente incomprensible. Les hace sentirse desprotegidos en todas las circunstancias sociales, indefensos. Les simplifica, como más de una vez he escuchado en clase. «En español no puedo ser yo. Soy yo, pero peor».

La falta de empatía acerca de esta realidad desempeña un papel crucial en el trato con ese otro que un día aparece con la intención de permanecer. Solo es necesario hacer un esfuerzo mental e imaginar un futuro en el que por la causa que fuese, no solo bélica, que es a la que lleva el pensamiento instantáneo y solo es una más entre las posibilidades, nos viéramos obligados contra nuestra voluntad a dejar vivienda, trabajo, familia y amistades y abandonar el país. Tras un accidentado viaje cuajado de experiencias negativas, rechazos en fronteras, hambre, sed, noches al raso y problemas médicos sin tratar, llegar extenuados a Damasco, Kiev, Kabul o Bamako, podrían ser tantas, con el único bagaje de unos títulos académicos inservibles y una lengua materna impenetrable para los autóctonos y convertida en inútil por el sistema. Añadamos el inicio de un largo proceso burocrático en un entramado administrativo ajeno para formalizar la residencia y conseguir un permiso de trabajo y la ausencia de cercanos a los que aferrarse. No habría que soslayar otro factor básico que rara vez se comenta, el sanitario, con elementos como la adaptación del estómago a nuevas texturas gastronómicas y al PH del agua del lugar. Terribles gastroenteritis así lo atestiguan. Aún así, el simple hecho de esbozar este ejercicio comparativo desde nuestra atalaya de privilegio resulta deshonesto en la mayor parte de los casos.

En estas situaciones, el idioma funciona como un escudo. Protege y alrededor de él y por su mediación se generan las relaciones sociales. Su ausencia nos deja huérfanos y aboca al aislamiento, a buscar la cercanía, el calor y el contacto con aquellos con los que se comparte mismo vocabulario y estructura gramatical, si los hubiera. El encerrarse en ese círculo impide el expandirse a nuevas experiencias y ralentiza así el proceso de adaptación a un entorno por descubrir. Hay estudios que, por el contrario, indican que el contacto con personas del grupo de origen aminora el duelo migratorio, que justamente son aquellos que han pasado por un proceso similar los que pueden realizar mejor el apoyo y generar, al mismo tiempo, espacios de descompresión cultural e idiomático[5]. He tenido alumnos con más de una década en España que apenas podían mantener una interacción social mínima en español. Su rutina estaba construida alrededor de hombres y mujeres de su misma nacionalidad, por lo que no encontraban la necesidad de aprender el idioma del país de acogida. Cualquier insinuación al reproche sobra. Yo mismo, en circunstancias muy diferentes, pasé cinco años en Polonia rodeado en gran parte de hispanohablantes y con unos conocimientos básicos de polaco, el imprescindible para la supervivencia en la cotidianidad. Con terror recuerdo aquella primera lección en una pequeña academia en un viejo edificio carcomido por la humedad en la que en un solo día trabajamos varios tiempos verbales y se nos instó a memorizar un repertorio inacabable de vocabulario, inútil en buena parte. «Co lubisz robić? Chodzić do kościoła»[6], a repetir una y otra vez, ante las reclamaciones en vano de mis sufridas cuerdas vocales.

VII.

En la tan reivindicable como poco reconocida serie alemana *Edén* (Dominik Moll, 2019), uno de los personajes de más

5 Pau Pérez. *Antropología Psiquiátrica y Psiquiatría Transcultural.* (Desclee de Brouwer, 2004). Página 96.

6 "¿Qué te gusta hacer? "Ir a la iglesia"

relieve dentro del caleidoscopio de historias sobre inmigración que presenta es el de un adolescente nigeriano llamado Amare, uno de tantos a los que aquí se etiquetaría como MENA[7], siglas desprovistas de cualquier identificativo personal, que deshumanizan y que ocultan más todavía la extrema vulnerabilidad y desamparo de estos menores. Tras salir de un campo de refugiados situado en Grecia y ver frustrado su intento de cruzar la frontera con Bulgaria, Amare es recogido en un estado lamentable por un matrimonio local de edad longeva con el que la comunicación lingüística es imposible (él habla inglés y ellos solo griego). Sin embargo, en el plano afectivo la conexión funciona, y Amare repone fuerzas y se convierte en esa especie de nieto que nunca llegaron a tener o del que al menos el guion no ofrece pistas de su existencia. Sin concesiones al sentimentalismo, el chico parte rápido de la casa con la lección vital aprendida. Las personas pueden entenderse a pesar de habitar lenguas sin similitudes aparentes.

Se menciona este ejemplo a modo de excepción, porque es constatable que, en la ficción, tras el visionado de numerosos largometrajes y series recientes vertebradas alrededor del hecho migratorio, la cuestión lingüística suele estar dejada de lado, desaprovechada o directamente ignorada, a pesar de su trascendencia. La cultura que llevamos décadas consumiendo sin criterios demasiado definidos sigue estandarizando una mirada sobre el otro cargada de estereotipos difícilmente erradicables. Las diferencias lingüísticas no son ajenas y se resienten de este trato. Por eso llaman rápidamente la atención el tipo de escenas como la citada. Respiran verosimilitud y saben sacar rendimiento a la habilidad para comunicarse de personas que se manejan en idiomas diferentes. Si se advierte tal potencial didáctico, conviene tratar de sacarles jugo en clase.

7 Acrónimo de Menores Extranjeros No Acompañados

Hay otra secuencia, esta correspondiente a la serie estadounidense *Coyote* (Michelle MacLaren, 2020), que se ajusta a la perfección como actividad para que el alumnado complete los vacíos de información que se producen entre los protagonistas. Dos personajes antagónicos tratan de cruzar la frontera que separa México de Estados Unidos, con casi mil kilómetros de un muro que empezó a construirse en 1994 bajo la presidencia demócrata de Bill Clinton. Uno de los intérpretes es un ex agente de la patrulla fronteriza estadounidense, ya jubilado, que intenta ayudar a una joven salvadoreña en avanzado estado de gestación a llegar a Estados Unidos. La chica está ante una última oportunidad, huye de la amenaza de un cartel del narco que pone en riesgo su vida. Ambos son monolingües, él se maneja únicamente en inglés y ella habla español, pero son capaces de aguantar casi veinte minutos en pantalla interactuando verbalmente o mediante gestos. La comunicación que establecen es una forma de mantenerse vivos en un entorno hostil como el desierto de Sonora, una manera de representar que hay algo que de forma inexplicable les une más allá de lo físico. La centroamericana se pasa parte de ese tiempo memorizando en un inglés rudimentario la frase que le ha obligado a aprender su compañero de peripecia. Palabras cuyo significado desconoce y que perfilan la única opción que le queda para proteger su vida y la del hijo que se apresta a venir.

«No me es posible regresar a México porque tengo razones para temer que voy a ser perseguida».

Otra vez la frontera y su potencial simbólico y real como espacio singular de duplicidad constante: entrada y salida, alambrada y puerta, tranquilidad y peligro, rutina y esperanza, muerte y vida. Y muy al fondo, el asilo como último pretexto al que aferrarse.

VIII.

Observo a los estudiantes salir con motivo de la pausa. Aquellos que acuden al aula habilitada en el centro de acogida, una sala de ordenadores dotada de una pizarra portátil que se sitúa en la tercera planta, aprovechan esa media hora de descanso para sentarse en el parque que hay enfrente, escenario de partidos de fútbol improvisados, pachangas de baloncesto con el antiguo Mikasa que un día trajo un trabajador social y aquí se quedó, y de algún que otro trapicheo.

Aprovecho para pasear por el recinto, en medio del trasiego nervioso de técnicos y residentes. El centro de refugiados de Vecindario lo gestiona CEAR (Comisión Española de Ayuda al Refugiado), una ONG fundada en 1979 y referencia en la defensa de los derechos de las personas refugiadas, apátridas o migrantes que precisan de protección internacional o se encuentran en riesgo de exclusión social. El recinto, uno de los dos ubicados en Gran Canaria para acoger a solicitantes de asilo, cumplió en 2019 veinticinco años y aprovechando la efeméride se hizo recuento de esa ya prolija trayectoria. Por su interior han pasado más de 2.000 residentes procedentes de todos los rincones del planeta. La mayoría guardan cariño al periodo en el que vivieron aquí, especialmente por el trato recibido. En el otro extremo hay otras que desde un primer momento mostraron rechazo a quedar alojadas en un centro colectivo. Se les identificaba fácilmente por su lenguaje gestual, empecinado en mostrar ese desagrado y el hartazgo de tener que rendir cuentas por cada paso dado.

El centro empezó con una planta y posteriormente creció hasta las tres actuales. Moviliza a tanto personal técnico que se tienen que cuadrar horarios por la falta de espacio. Por fuera se le reconoce de inmediato por el extenso mural que cubre la zona de entrada. 'Welcome', 'Gracias', 'Quiero aprender' y 'La Tierra sufre' son algunos de los mensajes que se pueden leer. Ya en el interior, de las paredes del patio central cuelgan dibujos de un concurso de pintura que se acababa de organizar. También se puede ver garabateada y ocupando la parte principal del muro interior la letra del *Imagine* de John Lennon.

Imagine no possessions
I wonder if you can
No need for greed or hunger
A brotherhood of man
Imagine all the people
Sharing all the world[8]

Mientras paseo por estas estancias y aguardo la vuelta del alumnado, con el habitual retraso sobre lo pactado, reflexiono sobre cómo ha cambiado el perfil de la emigración española en los últimos años, el reverso a la situación que ahora tengo alrededor.

Yo mismo salí en 2009, aunque fue una decisión propia, consciente, no obligada y en la que no ponía nada demasiado grave en riesgo, el regreso estaba cubierto en la peor de las tesituras. Coincidió para adoptar esta iniciativa un contexto general que invitaba al desaliento, con la burbuja inmobiliaria a punto de explosionar y la crisis económica y la falta de perspectivas laborales mínimamente sólidas ya asomando por el horizonte vital. La emigración española tocó techo en aquel mismo año de mi marcha. Más de la mitad de aquellos que salieron de España se desplazaron a otro país de la Unión Europea, sin que en ese tránsito les fuera requerido ni siquiera un pasaporte en vigor. El

8 Imaginad que no hay propiedades
me pregunto si podréis hacerlo
que no tiene por qué haber avaricia ni hambre
una hermandad humana
maginad que todos compartimos el mundo.

dato, que pudiera parecer insignificante, adquiere trascendencia al constatar cómo la nacionalidad opera como mecanismo de apertura o cierre de fronteras. Entonces no tenía plena conciencia de ello, hoy me rebelo contra la arbitrariedad de una cuestión que perpetúa un sistema que produce desigualdades.

Aun con el tiempo que ya ha transcurrido desde la vuelta de una experiencia que duró cinco años, todavía quedan dudas y claroscuros sobre si la decisión de migrar aportó más ganancias que pérdidas. Dejé Polonia por agotamiento, porque había llegado a ese punto decisivo en la vida de todo emigrante por voluntad propia en el que debe decidir si fijar residencia o regresar. En lo laboral detecté que algo se rompió el día que me descubrí en el Cervantes y en un instituto donde trabajaba repitiendo las mismas bromas que había hecho una semana antes con otro grupo del mismo nivel. Sabía que esos chascarrillos funcionaban y que aseguraban complicidad con los estudiantes. Había robotizado involuntariamente mi discurso en el aula, en sintonía con el monocorde tono general de aquellos que se sentaban delante. La situación me recordaba a la melodía salida del violín de un músico que buscaba unas monedas en Ulica Grodzka, centro de Cracovia, y que entraba puntual cada tarde por las ventanas del aula que solía ocupar. Era delicada y dulce, pero la terminé odiando de tanto escucharla.

Aquel proceso migratorio en el que me vi envuelto ya hace más de una década hoy discurre a la inversa, a la espera de que se pueda intensificar nuevamente por las graves secuelas que está dejando la pandemia de la Covid-19 y la guerra en Ucrania, un porvenir que se advierte marcado por cierres específicos de fronteras, crecimiento global de la inflación y una crisis económica a nivel mundial. En la actualidad, parte de ese grueso de españoles que dejaron el país hace más de una década se encuentra inmersa en una especie de operación regreso, con el Gobierno y las comunidades autónomas generando, de forma dispar y a veces de forma oportunista y poco transparente, programas facilitadores de ese retorno, especialmente destinados a gente joven y con estudios superiores. El resto se deja más de lado al no encajar en esos perfiles más agradables de publicitar y con los que vender campaña.

En uno de los conteos más recientes, más de dos millones de españoles vivían en el extranjero, un dato que solo recogería a los censados en los consulados, por lo que la cifra real sería superior. No solo se viaja para hacer turismo o para pasar por la beca Erasmus. Una parte de este colectivo tomó esta opción como la única salida viable a la obtención de unas condiciones de vida más decorosas, según se argumentaba. En consonancia a esta realidad, los últimos años se ha ido asistiendo a una especie de mini boom tanto en la literatura como en lo audiovisual de productos que tienen en este éxodo, estancia y posterior regreso, si llega a suceder, el tema central de su planteamiento, cuando antaño era un subgénero poco explotado pese a los vigorosos antecedentes migratorios de la población española. Con excepciones, no resulta amplia la representación con la que se trató aquella emigración de los años sesenta del pasado siglo XX, en plena dictadura franquista, con destino principal a países centroeuropeos (*Vente para Alemania, Pepe*, *Un Franco, 14 pesetas*) o, unas décadas atrás, el exilio republicano por motivos políticos, ideológicos o de supervivencia (*El tren de la memoria*).

Los de ahora son productos tanto de ficción como documentales que reflejan el desencanto de una generación, el desconcierto en el que tantos se vieron sumidos al ver cómo una juventud alargada en el tiempo y moderadamente feliz ya quedaba demasiado atrás y el presente les encaminaba a la precariedad. Sentían que habían cumplido con lo que se les había indicado (estudios, idiomas, paciencia, responsabilidad) y que, a cambio, no habían alcanzado nada de ese algo indeterminado que planteaban que se les había prometido, concepto este último que nunca llegué a entender. Desconocían a quién culpar, sobre quién descargar ese sentimiento de frustración por la promesa rota y de esa especie de deuda no saldada que ardía por dentro y que a mí también tanto me afectó sin que fuera consciente en el momento.

En todo caso, realidades tan opuestas, aunque enlacen en su concepto de salida, con la de aquellos que hoy se sientan delante de mi pizarra y esperan que empiece la lección y salga del aletargamiento que me producen estos pensamientos. La principal diferencia es que al emigrante español no se le cuestiona, sobre su figura no recaen adjetivos negativos, no se le trata de antemano como sospechoso de un algo indeterminado. Su viaje migratorio, como lo fueron todos los míos, siempre aparece legitimado por una necesidad o una búsqueda de progreso aceptable. Cuando el periplo se produce a la inversa, los estigmas, y el cine y la cultura de la imagen ha contribuido mucho en cronificarlos, ofuscan a ese migrante recién llegado a España en situación irregular o a la espera de concretar su estatus, configurado en el imaginario colectivo como persona de procedencia indeterminada que no se deja conocer y de la que no se saben los motivos reales para querer abandonar su país y a su familia a cambio de un futuro ignoto. Nosotros somos la fuga de cerebros, los expatriados. Ellos los invasores, la mano de obra barata. Las perversidades del lenguaje, una vez más.

La cineasta Iciar Bollain retrató en el documental *En tierra extraña* (2014) a una generación de jóvenes españoles que se fueron a Edimburgo (Escocia) buscando una salida en lo laboral, perfil que había hecho mío al trasladarme a Polonia aquella primera vez. El CSIC (Consejo Superior de Investigaciones Científicas) cifró en 700.000 los españoles que emigraron con la crisis, de los que 20.000 fueron a la capital escocesa. El retrato que hace esta producción es variopinto: los hay que se encuadran dentro de una generación perdida, otros que afirman haber sido sacados a patadas de España e incluso se menciona a gente que no ha querido salir delante de la cámara por no sentirse orgullosa de lo que hacía en su nuevo país de acogida.

Entre testimonios y una puesta en escena que orbita alrededor de un proyecto artístico de recogida de guantes extraviados *(Ni perdidos ni callados* era el título), se deslizan algunas frases de interés en referencia a qué supone vivir en otra lengua: «La lengua determina quién eres tú, tu relación con los otros, tu posición en la sociedad». Una chica se queja de que no saben pronunciar bien su nombre: «Ni siquiera puedo ser yo». La tesis planteada reconecta con el concepto de confusión mencionado por Hannah Arendt en *Nosotros, los refugiados* (1943): «Muy pocos individuos tienen la fuerza necesaria para conservar su propia integridad si su condición social, política y jurídica es completamente difusa». El contexto concreto apelaría en este caso al primero de los condicionantes mencionados, el social, y esquivaría los dos restantes.

Comedias como *Perdiendo el norte*, acumulación de peripecias a ritmo de gag de un grupo de españoles en la Alemania *merkeliana*, o la ingenua pero finalmente eficaz travesía del fotógrafo monolingüe Gustavo Fernández por un Nueva York de suburbio en *La línea del cielo* (Fernando Colomo, 1983)[9]; y documentales de pesaje similar al de Bollain como *Entre dos tierras* (Javier Moreno Caballero, 2019) y *Españoles en el exilio* (Rubén Hornillo, 2017), engrosan en materia fílmica las filas de esa hornada de películas recientes y no tanto que exploran vivencias tan generales y generacionales como el desarraigo y, de forma paralela, los problemas derivados de lo lingüístico. Todo desde el punto de vista

9 Este largometraje contiene alguna de las escenas de clase de enseñanza de lengua extranjera, en este caso el inglés, más auténticas que se hayan podido ver en un producto de ficción.

ue se marcha que podría ser cualquiera de nosotros. lía a mi jefa», explica una mujer en el documental *Enis*. Otro chico habla de una cefalea inagotable durante los primeros meses de estancia en Londres. «Mi cabeza quería traducir todo». La angustia y la sensación de pérdida por lo que quedó atrás son los sentimientos que predominan en una producción no apta para el que lo esté pasando mal en el exterior.

En el ámbito literario y sin ser una novela propiamente sobre la emigración, David Trueba aprovecha las páginas de *Blitz* (2015) para reflexionar sobre las contradicciones que encierra un proceso de estas características. Lo hace por mediación de un arquitecto que encuentra en Múnich aquellas respuestas vitales que le esquivaban en Barcelona. Un párrafo resume con demoledora precisión esa disonancia emocional entre el sentimiento de pertenencia; irse y volver; aquí y allí, entrar y salir; emigrar o quedarse.

«Irse, hay que irse, cómo vamos a sobrevivir aquí, en el paraíso de los enladrilladores. Y, sin embargo, el clima, las costumbres, cierta anarquía, el desprecio mutuo entre gobernantes y gobernados generaba adicción. Éramos otros más de esa larga lista de españoles a pesar de España».

IX.

En todo caso, esas experiencias migratorias con fecha de caducidad acaecidas en Polonia, Francia y Argelia ya pertenecen al pasado, cuestión problemática de aprender y especialmente delicada a la hora de abordar en una clase de español con solicitantes de asilo y refugiados.

En lo que respecta a asuntos gramaticales, el español se manifiesta tremendamente retorcido a la hora de reflejar lo sucedido en la lejanía cronológica:

Diferencia entre Pretérito Indefinido y Pretérito Imperfecto.

.La teoría del huevo frito. La yema representa el Indefinido, lo más importante, lo delicioso, la acción. La clara simboliza el Imperfecto, el contexto, lo que acompaña, la descripción.

.Marcadores temporales del Pretérito Perfecto Simple.

.El Indefinido. Listado de irregulares que lo conforman.

.El Pretérito Pluscuamperfecto: cómo pronunciarlo correctamente sin atragantarse y cuál es su utilidad.

El pasado hace aflorar los recuerdos, lo perdido, lo que ya no se recuperará y tampoco admite modificación. La tecnología es lo que conecta con ese ayer tan sensitivo y cada vez más lejano en el que eran, éramos, otros, diferentes, tan extraños a este nuevo yo del ahora. Por eso el primer impulso de muchos recién llegados pasa por la adquisición de un teléfono móvil que haga aparecer la voz y la imagen de aquellos que quedaron atrás. Cuántas veces se les ha criticado con saña por estar en posesión de un móvil de última generación, sin saber que quizá es la botella de oxígeno que permite seguir adelante, desconociendo por extensión que puede tratarse de un modelo de segunda mano o de una marca falsa.

En el trato con otros estudiantes, como pudieran ser los de un centro universitario o una academia de idiomas, el pasado suele ser un lugar confortable que se puede usar en clase de forma distendida, porque el viaje al presente es corto y cambiante y el futuro es moldeable a gusto del consumidor. En una clase con adolescentes el recurso al pasado tampoco tiene el mismo grosor, al estar iniciando la ruta por la vida. Lo suyo es el presente e ir dándole forma para encarar el futuro en mejores condiciones.

En cambio, en el interior de un aula formada por solicitantes de asilo y refugiados el pasado se debe ir reconstruyendo poco a poco, es un proceso que exige paciencia y tacto. Conviene ser discretos y prudentes, no traspasar ciertos límites. Se moldea de forma natural, brota en conversaciones espontáneas, irrumpe en medio de actividades intranscendentes. En ocasiones se alude a él de forma indirecta y un tanto caótica.

Acababa de concluir la lección y dos jóvenes se acercaron a la mesa para contarme quiénes eran antes. Yo con mi español fatigado y ellos con el suyo en progreso. Otras veces la interacción mezcla mi francés olvidadizo con el fluido del interlocutor, mi inglés titubeante con el preciso del de enfrente. Abdul era uno de estos dos chicos, un camerunés que llevaba acudiendo a clases desde hace un mes con regularidad y sin hacerse notar en exceso. No necesitó casi ninguna palabra para referirse a lo que había dejado atrás y todavía le ardía por dentro. Aquel día se empecinó en explicarme el trayecto que le había llevado a Europa. Recurrió a un mapa colgado en una esquina de la sala, casi escondido, donde con su dedo índice me iba indicando la ruta que siguió desde su país natal. Acompañaba el recorrido con algún dato explicativo. Me llamó la atención que dejaba vacíos en algunos lugares de paso, como los meses transcurridos en el desierto del Sáhara o la estancia en Libia antes de tomar una embarcación y llegar a costa italiana. No era la primera vez que al irrumpir Libia en la conversación esta de repente se ensombrecía. Apagaba cualquier chispa de energía, como si su sola mención reabriera las puertas de un infierno que solo pueden comprender quiénes lo vivieron, como si una maldición planeara sobre todo lo que tuviera que ver con aquello. «Ahora solo tengo ganas de hablar de España».

El pasado es ese viaje que pocos quieren recordar una vez se ha alcanzado el destino. También es la familia, la sanguínea y la que se encontraron en ese camino y a posteriori, una llamativa excepción al silencio con el que los solicitantes de asilo tratan la mayoría de los temas que rodean a su biografía. Les reconforta especialmente hablar de ella, es un espacio de seguridad y rememorarla es una forma de traerla a este presente tantas veces inhóspito. La reivindican hasta el punto de que a veces no tienen una idea de futuro más allá de ella.

Los padres, las madres, los hijos, las hijas, los hermanos, las hermanas, los primos, las primas, los sobrinos, las sobrinas, los abuelos y las abuelas y, algunos, los nietos o las nietas. El árbol genealógico llega a ocupar varias páginas según qué estudiantes, que pueden hacerlo crecer descontrolado acorde a la elevada tasa de natalidad de su región de procedencia. Las ramas que dibujan se enredan entre ellas, se cruzan y forman espirales laberínticas. Hay incluso algunos que exigen a su memoria un esfuerzo supremo para recordar el número de hermanos y el nombre de cada uno. El caso de los primos o los tíos es mejor dejarlo aparte.

El aula se despereza del aburrimiento en el momento en el que se explica cómo se describe el estado civil en español:

Estar casado/casada, estar soltero/soltera, tener novio/novia, tener pareja, estar separado/separada, estar divorciado/divorciada, estar viudo/viuda.

Murmullos, extrañeza y alguna reprobación cuando descubrían que con casi cuarenta años mi casilla estaba aún por rellenar.

—Y tú, ¿estás casado? —pregunta un estudiante ucraniano al compañero que se sienta a su izquierda.

—Yo soy un soltero.

Quien lo reivindica atropelladamente recién captado el concepto y desde el error gramatical responde al nombre de Supun. Como él, la mayor parte de estudiantes de este grupo de aspirantes al asilo que me topé a finales de 2018 son hombres, apenas llegan a la treintena y están solos. Aspiran al amor, como cualquiera de su edad, y lo expresan mayoritariamente con timidez y un punto llamativo de ingenuidad. El físico obsesiona a muchos, por eso acuden en cuanto pueden y su economía lo permite a gimnasios en cuyas máquinas aplacan las altas tasas de estrés que acumulan en ese periodo.

Supun salió de Sri Lanka por razones que nunca quiso especificar en el aula para unirse a unos familiares lejanos que le aguardaban en Inglaterra. La escala que su vuelo hizo en Las Palmas de Gran Canaria le obligó a solicitar asilo político en España y a quedarse a la espera de la resolución de su solicitud. Protagonismo para el controvertido Convenio de Dublín de 1990, que determina el estado miembro de la UE que se hace cargo de la solicitud de asilo de la persona una vez en suelo europeo. Las críticas que recibe es que el criterio que más se aplica es el de primer país de llegada, que no suele coincidir con el de destino, aquel en el que aguardan parientes o conocidos.

Supun se quedó solo en una isla de la que nunca había escuchado hablar. Cambió la bruma del Támesis por las palmeras de Vecindario. Como lengua materna manejaba el tamil, una de las oficiales de Sri Lanka. Cuando le conocí me aseguró que hablaba bien inglés. Poco después comprobé que exageró su nivel de conocimiento, tal y como tantos hacen aquí para engordar sus CV. La argucia, al parecer, es universal. Aunque apenas podía comunicarse en español, creó espontáneamente una especie de interlengua en la que mezclaba diferentes idiomas y con la que conseguía hacerse entender y generar buen rollo alrededor. Hoy sigue en aquella isla de la que no sabía nada y todavía mantengo contacto con él a pesar de la distancia. En su foto de perfil de Whatsapp puedo comprobar que su afición por los automóviles de gran cilindrada no ha declinado, al contrario.

El soltero Supun reivindicaba en cada ocasión que se le presentaba su origen tamil y no conocía otra juventud que la vivida en medio de un violento conflicto en su país que enfrentaba a la minoría a la que pertenecía con la mayoritaria, la cingalesa. Probablemente se marchó de Sri Lanka para dejar atrás ese pasado, como los dos refugiados de su misma nacionalidad que en la serie australiana *Stateless* (Tony Ayres, 2020) se suben al techo del barracón en el que el gobierno australiano les tiene retenidos en medio de la nada para protestar por el trato que se les dispensa. La llegada de un traductor para intermediar con los responsables del centro de detención y hacerles bajar y desistir en sus reclamaciones solo sirve para comprobar que a ambas partes les unen vínculos familiares. La escena, surrealista y verosímil al mismo tiempo, muestra a dos personas que se ven por primera vez conversando como si se conocieran de toda la vida. Resulta llamativa por lo que transmite de conocimiento sociocultural.

—¿Qué habéis estado hablando tanto tiempo? ¿Ya está resuelto? —le inquiere de forma agresiva la directora del centro al traductor.

—No, no. Hablábamos de nuestras familias, el chico conoce a unos amigos de mi padre.

Miro a los estudiantes que tengo enfrente. Con algunos de ellos llevo meses compartiendo más de cuatro horas diarias, casi más que con cualquier persona de mi alrededor. Una vez más, queda demostrado que para ser familia no hace falta compartir vínculos sanguíneos.

X.

Las guerras que acompañan a muchos de los alumnos, como las de aquel conflicto olvidado en Sri Lanka, vienen de lejos, por lo que hay que refrescar la memoria.

«Yo soy sirio, de Daraa», me dijo Mokhtar el día que empezó las clases, tras dos semanas de papeleo y cierre de cuestiones administrativas en España, una vez recién llegado de Jordania en un vuelo organizado por la OIM (Organización Internacional para las Migraciones).

Por la noche busqué en Internet imágenes de la ciudad que había mencionado y de la que no había oído hablar. Contemplé ruinas de lo que un día fue un templo neohitita de 3.000 años de antigüedad, edificios derruidos o bajo llamas y algunas fotografías de ayuda humanitaria dispuesta a ser expedida desde algún lugar indeterminado. Había que descender bastante para encontrar la Daraa en la que este nuevo estudiante algún día fue feliz, formó una familia y donde trabajaba de cocinero en un kebab del centro. Lucía febril, atolondrada e inundada por un tráfico imposible antes de que la guerra que ha machacado Siria la desfigurara.

En Daraa, a unos diez kilómetros de la frontera con Jordania, es donde se reporta que comenzaron las protestas en la calle contra el régimen de Bachar el Assad. Las manifestaciones espontáneas rápidamente se extendieron por todo el país. La sangrienta respuesta gubernamental derivó en un conflicto que hoy todavía perdura, una guerra atomizada y con la intervención de las principales potencias militares del orbe, con Siria como tablero de un juego siniestro usado para dirimir sus intereses. Daraa fue bombardeada, muchos jóvenes fueron encarcelados por participar en las protestas y la ONU acreditó la existencia de torturas, desapariciones y asesinatos de centenares de civiles. Más de 300.000 personas de esa ciudad abandonaron sus hogares. Uno de ellos fue Mokhtar, el nuevo integrante de los cursos de español. Acompañado de su familia, acabó en un campo de refugiados que, creado de forma natural por acumulación, se ubicó en las cercanías de Amman. En la actualidad todavía permanecen decenas de miles de sirios atrapados cerca de la frontera de su país con Jordania, hoy ya relegados de la primera plana informativa por asuntos de otra índole. Refugiados de segunda.

Daraa figura ahora irreconocible, abierta en canal, con partes destruidas y dividida por zonas. Las fotografías conforman un recorrido por esa triste historia reciente que obligó a Mokhtar a dejarla atrás. El pasado, más que nunca, es un país extranjero, como comenzaba *El mensajero*, la afamada novela del escritor británico L.P. Hartley.

Los versos de la poeta Maram al-Masri, nacida en Latakia y viviendo desde 1982 en París, resumen esa contradicción que tanto toca al refugiado sirio que nació, creció y vivió en un lugar hoy tan diferente al que una vez consideró suyo[10].

Nosotros, los exiliados, padecemos,
una enfermedad incurable
Amar a una patria
a la que se asesina.

Mokhtar no conoce el poema ni a la poeta. En estas primeras clases concentra su atención en diferenciar las vocales en español, recitar los números hasta cien y en no confundir los saludos con las despedidas, mientras ayuda en la tarea a Zahra, su mujer, que se sienta junto a él y no se separa de la pequeña de la familia, Naya, aterrizada en España con solo tres meses de edad.

XI.

Ya de vuelta a Madrid tras el paréntesis insular de dos años y enfrascado en un nuevo proyecto laboral, conocí a un perfil de estudiantes diferente al que estaba habituado a tratar en Gran Canaria, entre ellos sirios que llegaban a España con permiso de residencia y una autorización de trabajo por cinco años tramitadas previamente por los ministerios implicados en los programas de reasentamiento, Interior, Migraciones y Exteriores. Familias como la de Mokhtar, que habían pasado varios años en

10 Maram al-Masri (*Desnuda va la libertad*. Editorial Comares. 2018) Traducción: Patricia Riquelme

campamentos de Jordania o Líbano bajo la tutela de ACNUR a la espera de poder ser reasentadas en un país considerado seguro. Los menores habían podido ser escolarizados[11] y allí disponían de los elementos básicos para el día a día. Sus condiciones de vida, no obstante, continuaban marcadas por la precariedad y por la imposibilidad de trazar algún proyecto estable de futuro. Fuentes de la URNWA –la agencia de la ONU para los refugiados palestinos en Oriente Medio– definen como «desesperante» la situación de los campos en Líbano por sus condiciones de insalubridad, las dificultades de acceder al mercado de trabajo, el veto al acceso a la sanidad pública o el control de las mafias, entre otros aspectos.

Cuando Casa Árabe de Madrid programó un ciclo de cortometrajes-documentales sobre refugiados decidí asistir con Mokhtar y Abdellah, otro de los estudiantes de aquellos primeros cursos en la capital. De origen kurdo, Abdellah era uno entre el medio millón que han sido desplazados de sus tierras por las medidas adoptadas por el ejército turco. Los dos llevaban unos meses acudiendo a clases de español. Se manifestaban contrariados al considerar que apenas habían progresado, en contra de lo que la visión docente me indicaba. Habían olvidado cómo nada más conocernos la única forma de comunicarnos fue mediante gestos, balbuceos y alguna palabra que habían memorizado.

Había visto uno de los cortometrajes que se iban a proyectar, el titulado *Rebuilding, love, life, memories*, dirigido por la cineasta siria Carole Alfarah. Nadie mejor que una persona de la misma nacionalidad para relatar una historia de estas características, por lo que se consideró interesante que pudieran ver un trabajo que recordaba alejado de la victimización o de la reflexión superficial, a pesar de la brevedad de la propuesta. Me parecía apro-

11 En Líbano la mitad de niños sirios refugiados no van a la escuela, datos de ACNUR.

piado que pudieran verificar cómo en Alemania, Dinamarca y Suecia había refugiados sirios que atravesaban dilemas similares a los suyos. Compartir, aunque sea en la distancia, no hace menos duros estos trances, pero sí se puede sentir que se recorre ese mismo camino en compañía. Es importante fortalecer esos lazos de complicidad, en este caso virtuales, entre quienes viven experiencias comunes de emigración.

Abdellah desconcertaba. En clase mostraba dos caras antagónicas: su positiva actitud con los compañeros y su disposición a los requerimientos del enfoque comunicativo chocaba con sus firmes reticencias a que su mujer acudiera a estudiar. Pese a la insistencia, el tema se había enquistado. Se intuía que atrás había dejado un sentido del humor práctico en el discurrir diario que le fastidiaba no poder traducir al español. En fotografías de su pasado en Al-Hawl, donde trabajaba como conductor, aparecía siempre con una sonrisa que ya raramente dejaba caer. Aparte de un mínimo relato de los motivos de su desplazamiento, eran escasas las referencias que hacía en clase hacia ese pasado tan opuesto a su presente. Había optado por borrarlo. Un estudio de los psicólogos del Centro Primo Levi de París explicaba que el distanciamiento del pasado permitía expulsar el dolor, o al menos protegerse de él, a las personas que habían experimentado situaciones traumáticas. Un concepto muy singular del orgullo parecía impedirle solicitar ayuda cuando la precisaba. Se creía capaz de superar él solo los obstáculos que le estaba poniendo la integración en España, empujando en ese desafío personal al resto de la unidad familiar, que le seguía con dificultades. Hubiera preferido ir a Noruega, donde un primo segundo, según decía, había conseguido trabajar rápidamente. A veces comentaba sobre su deseo no satisfecho de haber sido reasentado en otro país. Insistía con uno en especial: Australia.

Australia, otra vez.

There's nothing like Australia. Es el conocido eslogan con el que el país oceánico promociona sus virtudes. En el vídeo publicitario aparecen australianos cantando felices en ropa veraniega, adorables koalas, surferos acompañados por delfines, la apabullante roca de Ayers y los fuegos artificiales en la ópera de Sydney. Lo que no saldrá en ninguna campaña promocional son las políticas migratorias que vienen poniendo en marcha sus últimos gobiernos de tolerancia cero y vulnerando principios básicos tanto de la convención de Ginebra de 1951 como de la Declaración Universal de los Derechos Humanos. Campos de detención que funcionan como prisiones en islas situadas en el Pacífico como tan bien retrató Behrouz Boochani en *Sin más amigos que las montañas*, resoluciones de asilo eternizadas y sin salida y operaciones militares secretas en alta mar. El aprendizaje del idioma ni se menciona, para qué.

There's nothing like Australia.

Australia, cuando puede ser Noruega, para otros será Alemania, y para los siguientes Francia o Canadá. El ideal para muchos tiene nombre de otro país, a pesar de que desconozcan los pormenores de sus políticas de asilo.

Tenía dudas de cómo Abdellah reaccionaría ante una iniciativa que ponía en cuestión alguno de sus razonamientos más inflexibles, como que había otros países en los que la integración era fluida y casi instantánea, como si se pusiera en marcha con el clic de un interruptor. Incluso valoraba la posibilidad de que le desagradara y optara por marcharse ante lo que podría considerar como una pérdida de tiempo.

Ocurrió lo contrario. Sus ojos parecieron humedecerse, un hecho perceptible en los asientos cercanos a pesar de los esfuerzos que hizo para ocultarlo con la ayuda de la oscuridad que envolvía la sala. Una vez finalizada la proyección, le acompañamos en el viaje de vuelta al municipio del extrarradio madrileño en el que vivía. A pesar de mis intentos, desvió con habilidad la conversación hacia temas más mundanos como la diferencia de precios existente entre distintas franquicias de supermercados.

Al día siguiente explicó en clase que el documental le impactó. Elaboró una reflexión que se notaba trabajada previamente en la que mencionó la existencia de líneas paralelas que unían la trayectoria de su familia con la de la pareja de farmacéuticos e hija instalados en una ciudad de tamaño medio de Alemania. Estos explicaban su decepción ante las dificultades encontradas y detallaban lo defraudados que se sentían ante el choque de expectativas experimentado a su llegada al municipio asignado. La falta de perspectivas laborales, los problemas para aprender alemán, la complicada adaptación de la hija en la escuela y hasta las miradas de los ciudadanos locales, ya no de oprobio sino de asombro, que recibía la madre de familia cuando paseaba por la calle, ralentizaban esa integración sin que se les hubiera prevenido.

Ojos anónimos que escrutan cualquier movimiento que salga de lo ordinario, de la rutina, de lo que consideran normal. Los extraños tienden a causar inquietud por el hecho mismo de ser extraños, teorizaba el sociólogo polaco Zygmunt Bauman, aterradoramente impredecibles a diferencia de las personas con las que interactuamos a diario y de quienes sabemos qué esperar. Algunos de los estudiantes ya habían comentado en clase que se habían sentido así cuando iban a buscar a sus hijas al colegio o en el Cercanías cuando se desplazaban a Madrid y les escuchaban hablar en árabe por el móvil. La desconfianza se alimenta de este tipo de situaciones. La ficción acude nuevamente a la memoria para establecer paralelismos con esta realidad relatada de primera mano. En *His House* (Remi Weekes, 2020) un matrimonio de refugiados de Sudán del Sur se instala en los arrabales de una ciudad británica sin determinar. Una vecina vigila sus movimientos desde la ventana. Una pandilla de escolares se detiene cada día delante de la puerta y les observan como si estuvieran frente a un escaparate. La pareja se siente espiada y el guion sabe decodificar esa angustia mediante códigos del género de terror. En *Bienvenue* à *Marly Gomont* (Julien Rimbaldi, 2016) una familia congoleña se instala en un pequeño municipio de la Picardia francesa, en el que el marido trabajará de médico. A la mujer le cuesta aceptar la repercusión cada vez que sale de casa, cómo se fijan en el colorido de la vestimenta o la diversión que su peinado provoca en la chavalada de la localidad.

Miradas que golpean, que atraviesan, que dañan. Sentirse analizado al detalle, en cada movimiento y cada gesto, radiografiado en actividades tan mundanas como salir a la calle o entrar en una cafetería a tomar un refresco.

«Nunca habían visto a una mujer con pañuelo», dice la mujer siria en *Rebuilding, life, love, memories* al sentirse centro de esas miradas en el pueblo alemán en el que fue reasentada. Imaginar si esto nos sucediera, ser juzgados constantemente desde la suspicacia y la prevención sin causa fija, a distancia, por nuestros rasgos físicos o vestimenta, por nuestro origen, la pronunciación del idioma que se aprende o la escritura de nuestros apellidos. Regreso inmediato de los recuerdos de cuando todo esto no existía ni se imaginaba, esa otra vida que quedó atrás, la certeza de que no se va a volver a ella y que nunca será tan hermosa, tan salvaje ni tan tranquila como en aquellos años previos al gran cambio.

Un día en clase, al encender el ordenador, apareció de golpe la portada de uno de los principales diarios nacionales. Informaba sobre el conflicto de Siria en su titular de mayor tamaño, con imágenes descarnadas de los efectos de un bombardeo y el añadido de un archivo sonoro. Mokhtar y Abdellah me solicitaron de inmediato cambiar de tema. «Tú no puedes entenderlo», y rápidamente asumí que en esa frase había tanta verdad que no había respuesta que pudiera hacerle frente. Pasamos a hablar de asuntos más triviales antes de iniciar la lección que tocaba, el uso del artículo o la concordancia de número entre sustantivo y adjetivo, qué importaría.

XII.

Más allá del peso y poso de los recuerdos, hay más aspectos en común entre el protagonista de aquel documental sirio, las ficciones anteriormente mencionadas y Abdellah, Mokhtar y tantos otros estudiantes que han pasado por el aula estos últimos años: los problemas para conciliar el sueño. Se añora hasta lo insignificante en relación a ese insomnio perpetuado, como el tacto y olor de las sábanas que quedaron atrás, tal y como confesó otra estudiante siria en clase.

Las ojeras crónicas retratan ese divorcio con el descanso y ese acuerdo tácito para la visita continua de las pesadillas, la mayoría relacionadas con ese pasado perdido y con un nuevo invitado, la gramática española, que tan cuesta arriba se les hace aprender por su multiplicidad de rostros y la endiablada complejidad de sus irregularidades. Hasta en los apuntes del cuaderno siguen encontrando motivos para el desasosiego.

—¿Por qué no viniste ayer a clase?

— Mucho sueño y no entiendo nada de los pasados en español. Pesadillas.

—¿Nada?

— Poco a poco, señor profesor.

XIII.

La onomatopeya *Boom* esconde un juego que ponía mucho en práctica en mi etapa cervantina cuando daba clases de español a niños en grupos reducidos. La mecánica de la actividad es básica. El objetivo es repasar los números del 0 al 100. Los participantes, a ser posible dispuestos en círculo, tienen que lanzarse aleatoriamente una pelota multicolor de algodón suave mientras el recuento avanza con cada pase. Antes de empezar hay que seleccionar los números prohibidos, aquellos que no se podrán pronunciar. Cuando durante el desarrollo del juego toque decir esa cifra, el que sea propietario en ese momento de la bola debe cambiar su terminología correcta por un *boom*. Si se equivoca y lo olvida equivale a una explosión y queda eliminado. La concentración es el factor clave del juego. La dificultad se puede incrementar añadiendo más números prohibidos o poniendo trampas de carácter matemático, como por ejemplo evitar los múltiplos de un determinado dígito.

Los números impronunciables se transforman así en las bombas del juego. El primer día solía garabatear en la pizarra un explosivo para complementar mi explicación de las instrucciones. Era una bola como las que se representaban en los dibujos animados de la infancia, una imagen simbólica, con la llama apurando sus últimos momentos de existencia. Una bomba irreal, no como las que cayeron en Homs durante meses y que todavía sonaban en las pesadillas de Assia. No como las que escuchaba por las noches aquel estudiante yemení que casi no pisó la clase y del que solo me quedó ese recuerdo que un día explicó sin razón aparente. O como las que hicieron huir de su ciudad natal a Mohsin y su familia en una localidad cercana a Farah, noroeste de Afganistán, atrapados entre los intentos de llevar una vida normal y el imparable avance talibán que iba invadiendo mentes y metros de forma paulatina hasta rozarles.

Motivos suficientes para no querer que un simple juego sin importancia hiciera reflotar eventos traumáticos de los que muchos todavía sentían vergüenza por haberlos vivido. Luz de alarma intermitente por lo tanto el llevar el *Boom* a una clase formada por personas refugiadas y solicitantes de asilo, un juego como muchos otros dotado de una imaginería violenta, con el añadido de poder ser considerada por los estudiantes como una actividad infantil y una consiguiente pérdida de tiempo. Decidí en primera instancia modificar el título. Pasé a denominarla *Zas*, acompañada del dibujo en forma de gag de un bofetón de viñeta. Para sorpresa, fue tan bien recibida que en las clases siguientes me instaron a repetirla de precalentamiento, una forma distendida de arrancar la lección y relajar el ambiente.

Personas que han dejado atrás todo aquello que habían construido y que tienen que empezar desde la nada, que arrastran historias de mucha violencia y que incluso han llegado a esquivar la muerte en su periplo migratorio.

Y, sin embargo, jugaban, se animaban, competían, celebraban aciertos y errores y, sobre todo, reían. En ocasiones a carcajadas. La felicidad, efímera, fugaz, saboreada por unos instantes.

XIV.

El duelo migratorio ocupa sin que se mencione un pupitre en primera fila de estas aulas. Su presencia es fácil de detectar. Flota en cada respuesta, en cada intento de aproximación a la nueva lengua. En el ámbito de la psicología este tipo de duelo se define a través de las situaciones que vive la persona que migra y que le obligan a pasar por cambios múltiples y permanentes al mismo tiempo. Cada persona lo afronta de forma particular, en virtud de sus habilidades, vulnerabilidad y la situación de acogida.

En *La pérdida ambigua*, Pauline Boss explica que el primer duelo migratorio se produce en el momento que de niños dejamos nuestra casa para asistir al colegio. Las características con las que se desarrolle ese trance afectarán a lo que vendrá por delante. En lo que nos atañe, el duelo migratorio considera que en cuanto se produce un desplazamiento permanente a otro país los esquemas mentales de la persona se ven empujados a cambiar. Evidentemente, que ese viaje sea obligado o no establece unas diferencias importantes. Ya de principio, la burocracia separa y limita las opciones de desplazamiento, en especial de aquellos que vienen de países que han pasado por procesos históricos de colonización, expolio y saqueo y que continúan padeciendo sus secuelas en forma de estrategias de depredación procedentes del exterior. Este obstáculo normativo les aboca a buscar vías poco seguras para llegar al lugar de destino y es el que termina por agrupar en dos compartimentos separados a los que comparecen sin la documentación requerida: solicitantes de asilo por un lado y, por otro, los denominados migrantes económicos, aquellos que no cumplen los requisitos para demandar asilo y que se desplazan movidos, como escribe Bauman en *Extraños llamando a la puerta*, «por el muy humano deseo de cambiar tierras estériles por otras donde verdea la hierba, países empobrecidos y sin perspectivas por lugares de ensueño donde abundan las oportunidades. Buscan refugiarse del salvajismo de una vida hambrienta y sin futuro». No hay una única inmigración, sino múltiples, aunque la batalla burocrática y contra el desarraigo que inician una vez recién llegados tenga en la crudeza un denominador común.

El psiquiatra Joseba Achotegui describe en *El síndrome de Ulises* siete componentes del duelo migratorio. Uno de ellos hace referencia a la lengua. Una vez aterrizada en el país de acogida, la persona empieza a vivir y sentir en un nuevo código lingüístico. Cede y relega a un plano secundario el idioma materno y debe reactivar metodologías de aprendizaje que llevaban detenidas desde la niñez. Un viaje a esa infancia educativa de la que apenas queda recuerdo, cuando la adquisición del idioma se producía con naturalidad y fluidez. Volver a ser un niño con todo lo que conlleva, otra vez a clase, aprender con exigencias, los horarios, la disciplina del aula, nuevas técnicas, la gramática, la sintaxis, el vocabulario.

Empezar en ciertos casos desde unas décimas por encima del cero, construir contenido desde abajo, en un proceso en el que el adulto comprueba que puede ser rebasado a velocidad de vértigo por el menor de edad. La imagen del hijo ayudando al padre con los deberes en este tipo de cursos de español es recurrente. La cineasta británica Clio Barnard lo captó muy bien en *Ali y Ava* (2021) con esa niña eslovaca de nueve años que traducía a su madre lo que le decía su profesora de un colegio de Bradford. Yo he visto cómo dentro del aula un padre pasaba el móvil a su chaval, adolescente rozando la mayoría de edad, cuando desde el banco le llamaron para informarle de un nuevo mecanismo en el acceso a la cuenta familiar. O aquel día en el que fue la hija de una familia palestina la que a la salida de la lección hablaba en el pasillo con el fontanero para detallarle el problema en las tuberías de su vivienda. Dejar la responsabilidad de la vida diaria en voz de quien todavía no está preparado. La dependencia en el otro es una de las principales características de ese dolor por la pérdida de la lengua. Porque lidiar solos con las problemáticas del día a día, que sería lo suyo, recurrir al tan manoseado valor y esfuerzo de los discursos de autoayuda no es tan sencillo como se podría presuponer. He visto a profesionales de todo tipo responder de mala manera, sin paciencia ni empatía, ante dudas y titubeos del interlocutor por sus deficiencias con el español. Hasta he escuchado a personal sanitario llamar al centro de acogida y quejarse por el elevado número de pacientes que venían a consulta sin saber hablar español y que, en su opinión, ralentizaban su labor y hacían aumentar los tiempos de espera para el resto de pacientes. Solo pensar en la tensión de esa visita al centro de salud del recién llegado que no se maneja bien en el idioma enfrentado a un profesional poco empático, afortunadamente se considera que escasos, genera dosis de una angustia casi inevitable.

Este duelo por el cambio de lengua se agrava si la persona llega al país de acogida con bagaje escolar mínimo o inexistente, sin alfabetizar o con problemas de aprendizaje como dislexias de diferente tipología que no han sido diagnosticadas ni tratadas previamente. El sistema de asilo en España no diferencia ni se detiene en estos detalles. Las exigencias idiomáticas en forma de plazos son las mismas para todas las personas que acceden, sin tener en cuenta diferentes singularidades, situaciones anímicas preexistentes, país de procedencia o lenguas habladas. Más dificultades que se añaden a la dura tarea de aprender a vivir en otra lengua.

En este duelo migratorio en el que la lengua es solo un apartado más, la relación entre pasado y presente es continua y definida por la complejidad. «Ya no soy de allí ni nunca seré de aquí». La frase suena dura, y en más de una ocasión he podido escucharla en conversación con algunos de los estudiantes. Territorio desarraigo, ese lugar donde el recuerdo de lo que se fue se hace fuerte y daña más, donde grandes individuos empequeñecen hasta hacer su presencia casi imperceptible. Decía el escritor Javier Reverte que en sus periplos por el mundo solía cruzarse con viajeros que un día se desplazaron a otro país sin planes fijos de futuro, vieron pasar los años, casi sin darse cuenta se fueron quedando y ya habían llegado a ese punto de no retorno en el que ya no sentían pertenecer ni a un sitio ni a otro. Sus raíces habían perecido por la distancia en un caso y no las habían plantado en el otro.

Se les notaba, concluía, en la melancolía y tristeza que impregnaba a sus conversaciones, en las que se mostraban incapaces de despegarse de todo aquello que dejaron atrás para ya nunca más volver a recuperar.

XV.

La migración supone un ir y venir obsesivo. A diferencia de lo que pasaba en décadas anteriores, las nuevas tecnologías permiten que la conexión con el país de origen sea continua, motivada en gran parte por las redes sociales. La mayoría de las personas migrantes verbaliza deseos de regresar algún día, aun tratándose de lugares afectados por un conflicto bélico, incluso cuando sus deseos han podido ser aniquilados desde su nacimiento. La aparición de estos pensamientos suele coincidir con periodos de frustración. Yo mismo he experimentado un sentimiento similar, con continuos viajes de ida y vuelta a mi ciudad que, aparte de dejar extenuada mi cuenta corriente, servían para coger oxígeno y reafirmar esos lazos con un pasado construido allí y que se habían ido debilitando con el paso del tiempo. Una suerte el poder proceder de esta manera, todo un privilegio que pocas veces valoré en comparación a lo que enfrentan mis nuevos estudiantes, cercenada esa opción de poder darse un respiro por mucha causa mayor que hubiera. Para ellos no hay billete de vuelta, a riesgo de detener de formar irremediable el proceso de acogida y no poder retornar.

Fuera del ámbito del asilo y como excepción, la OIM puso en marcha desde hace unos años un proyecto de retorno voluntario asistido, con prestaciones que van desde el asesoramiento y orientación hasta la ayuda económica, aunque todo es matizable. El documental *Marea Humana* (2017), del director, artista y activista chino Ai WeiWei, desvelaba que los afganos que se estaban acogiendo a un programa de retorno a su país debían firmar un documento que garantizaba que se les ayudaría al llegar[12]. A cambio, con su rúbrica confirmaban indirectamente su deseo de volver. «Les damos un paquete de agua y comida cuando se

12 El documental fue rodado antes de la vuelta de los talibanes al poder, en septiembre de 2021.

van y eso es todo», añadía a continuación a cámara y sin ningún atisbo de sonrojo Marin Din Kamdomcaj, coordinador de operaciones de ACNUR en Pakistán, desde donde regresaba la mayoría. El proyecto se puso en marcha bajo el tutelaje económico de la UE sin que importara que la violencia continuara implantada en Afganistán, hoy ya con el régimen talibán de regreso. Otros países se unieron más adelante a esta fórmula de regreso con contraprestaciones entrecomilladas. El último a la hora de escribir estas líneas ha sido Dinamarca. De ser el primer país en firmar el convenio de Ginebra en 1951 ha pasado a inaugurar la lista de aquellos que quieren expulsar a refugiados procedentes de Siria al considerar que las zonas controladas por el régimen son ya «lugares seguros». Así lo anunció Mattias Tesfaye, ministro de Inmigración. Dinamarca otra vez, un país que ya en 2016 aprobó una ley que le permitía confiscar pertenencias a refugiadas y que en 2021 ha anunciado que trasladará a 300 presos extranjeros a cárceles ubicadas a miles de kilómetros, en Kosovo. La última noticia es su intención de trasladar a Ruanda a las personas que hayan solicitado asilo en su territorio.

Según datos facilitados por el Ministerio de Inclusión, Seguridad Social y Migraciones, en España se acogieron a este procedimiento durante 2019 un total de 673 personas. De lo que no se puede encontrar datos oficiales es de otro tipo de retorno, aunque en este caso no es de carácter voluntario, sino del signo contrario. Los vuelos de deportación de personas migrantes auspiciados por el Gobierno de España a través del Ministerio de Interior ni siquiera se interrumpieron en medio de la pandemia. Marruecos, Mauritania, Senegal o Argelia son algunos de los países destinatarios de este tipo de operaciones. El continente africano no es el único punto receptor. El mapa infame de la deportación se amplía con vuelos a lugares como Colombia, Rumanía, Ecuador, Albania o Georgia. Todos los desplazamientos se financian con dinero público que reciben empresas privadas mediante contratos suscritos con el Gobierno. Organizaciones como Iridia y Stop Deportaciones, el grupo de trabajo de la campaña estatal por el cierre de los CIE, llevan años denunciando estos procedimientos y las vulneraciones de los derechos humanos que se producen en ellos. Se critica la opacidad con la que se llevan a cabo y el desamparo al que abocan a muchos de los expulsados, sin ayudas y abandonados en un país que en ocasiones ni siquiera es el suyo de origen. Existen casos documentados de malienses, por poner un ejemplo, devueltos a Senegal.

En una ocasión me topé de cara con la vertiente humana de uno de estos episodios de deportación, el nombre y el rostro por encima de las cifras. En una de esas mañanas tranquilas y de escasa concurrencia por el centro de refugiados, vi aproximarse a la entrada del recinto a un señor de presencia imponente. Rozaría los 60 años y mediría unos dos metros. Portaba una *taqiyah*, esa especie de gorra corta y redondeada, que le terminaba por conferir un aire imperial. Se acercó a mi mesa y se presentó en un español sin errores. Se llamaba El Hadji y era de Senegal. Preguntaba por si sabíamos algo de su hijo. Había llegado en cayuco hace dos meses y había sido trasladado de inmediato al CIE de Hoya Fría de Tenerife. Desde entonces se habían estado comunicando por teléfono móvil, con la esperanza de un reencuentro cercano. Esta rutina se había quebrado inesperadamente. El Hadji llevaba desde el día anterior sin recibir noticias de su hijo. Apagado o fuera de cobertura, respondía su teléfono tras la marcación del número. Realizamos algunas llamadas, incluidas varias al CIE, en las que las únicas respuestas fueron evasivas a informar acerca de cualquier tipo de cuestión. Le indicamos que no podíamos ayudarle, que esperase unas horas para ver si su hijo volvía a ponerse en contacto con él o que se pasara por el centro en unos días. El hombre lo agradeció con un gesto solemne, dejó anotado su número en un papel y se marchó.

Esa misma tarde se informó en redes sociales de que un vuelo de deportación había salido en Madrid y que iba hacer escala en Las Palmas de Gran Canaria antes de aterrizar en Dakar, capital de Senegal. Las fechas y los datos encajaban con la información que había proporcionado El Hadji acerca de su hijo. En ese instante entró la duda sobre cómo proceder, si informar al padre cuanto antes y acabar con ese sufrimiento que la ausencia de noticias le estaba ocasionando o esperar una confirmación oficial que probablemente no llegaría, como así sucedió.

El Hadji se acercó días después al centro. Yo no estaba en ese momento. Me contaron que llegó como la única vez que le vi, paso lento y discurso claro y breve, sin rodeos, al centro de la cuestión, el propio de aquellos que proporcionan valor y significado real a cada palabra.

Tras confirmarnos que su hijo había sido deportado a Senegal y sin querer aportar más datos, agradeció el trato y se marchó tal y como llegó, para no volverle a ver nunca más.

XVI.

Pasado y presente forman una especie de materia inseparable en la vida de la persona migrante. El binomio se rompe una vez en el interior del aula a la hora de abordar la gramática. El estudiante se siente mucho más cómodo con el ahora que con el antes. El pasado se manifiesta a nivel lingüístico plagado de peligros a modo de acertijos indescifrables y de melancolía invasiva que no se habían planteado. El presente como mínimo muestra un camino, abre una opción para esquivar las malas artes del pasado, siempre al acecho en forma de esa nostalgia paralizante tan complicada de esquivar. Son multitud los días en los que fui golpeado en clase por la entereza con la que afrontan tales vicisitudes aquellos que en los cursos no dejan de evocar los obstáculos que la cotidianidad les puso enfrente. Relatos traspasados por situaciones dolorosas, cicatrices que todavía hoy no curaron, amagos de lágrimas con solo escuchar una palabra, vacía de contenido para mí, pero plena de significado para esa otra persona.

Mirando al aquí y ahora, los estudiantes hablan de su presente con timidez. Las pautas de presentación, trámite por el que hay pasar de forma ineludible, se aprenden rápido, imprescindibles en la toma de contacto, automatizadas por la memoria.

—Me llamo Jhames, vengo de Ghana, soy jardinero y tengo 34 años.

— Soy Zohra, soy palestina, trabajo de peluquera y tengo tres hijos.

No todos las interiorizan con la misma facilidad.

— Yo soy Rafa, ¿y tú?

— Yo soy Rafa.

— No, Rafa soy yo.

—¿Tú? ¿Yo?

La rutina se parece demasiado, cada día es igual que el anterior y más similar que el siguiente. Meses en los que para el solicitante de asilo o refugiado el aprendizaje del español significa mucho y lo restante gravita, o debería hacerlo, alrededor de las clases. Después vendrán otras preocupaciones, como la búsqueda de vivienda, un proceso azaroso y que provoca un aumento exagerado del estrés y el abandono de las clases de una parte del alumnado, y el inicio de la formación laboral y la búsqueda de un empleo, que debe producirse con la celeridad que no genera el mercado, aumentando más todavía la ansiedad. Colisionan entonces dos conceptos, el que yace sobre el papel, el de un sistema que establece unos objetivos lingüísticos (nivel B1)[13] que resultan difícilmente alcanzables en la coyuntura en la que se mueven estas personas, y el de la realidad, con las obligaciones de abrirse paso con el bagaje de lo aprendido en unos meses, sin disponer apenas de un tiempo mínimo de afianzamiento. Esa exigencia hace más agobiante ese presente para aquellos que entraron dentro del sistema de asilo al formalizar su solicitud en territorio español.

Diferente es el caso de aquellos cuyas características no se ajustan al perfil de asilo y quedan en ese espacio marginal que es la irregularidad administrativa. Tratan de aprender el idioma con fines fundamentalmente laborales sin que el tiempo sea un factor asfixiante, puesto que hay otros problemas más apremiantes que les acechan en esa clandestinidad a la que les aboca la legislación. Nadie les exigirá ningún nivel ni les evaluará, ellos son principio y fin. Por si fuera poco, en contra también figura el hecho de que las políticas gubernamentales en materia lingüística apenas presten atención a sus necesidades. Es, resumiendo, como si no existieran. Los presupuestos que se destinan a programas como el de Atención Humanitaria son irrisorios y cubren un número de horas semanales exiguo y que se reducen a marcos temporales de entre quince días y tres meses.

Después casi todo queda en manos de lo que puedan ofrecer las diferentes ONG y el movimiento asociativo, ya cada una operando por su cuenta. Poco para cubrir unas expectativas de

---

13 Según el MCER (Marco Común Europeo de Referencia), el B1 es un subnivel intermedio del nivel B (usuario independiente) en el que la persona es capaz de comprender los puntos principales de textos claros y en lengua estándar si tratan sobre cuestiones que le son conocidas, ya sea en situaciones de trabajo, de estudio o de ocio. Sabe desenvolverse en la mayor parte de las situaciones que pueden surgir durante un viaje por zonas donde se utiliza la lengua. Es capaz de producir textos sencillos y coherentes sobre temas que le son familiares o en los que tiene un interés personal. Puede describir experiencias, acontecimientos, deseos y aspiraciones, así como justificar brevemente sus opiniones o explicar sus planes.

aprendizaje caracterizadas por el ansia y la incertidumbre. Olvidados y ninguneados hasta el punto y final.

XVII.

El futuro es otro asunto. Gravita por terrenos todavía inexplorados. Se dibuja en forma de esperanza, de ilusiones, de proyectos muchas veces esculpidos por la utopía de lo irrealizable. Vienen con sueños magnificados, muchos atesoran el anhelo de tocar el lugar alcanzado por algún compatriota que hizo un camino similar años atrás. Las comparaciones entran en juego y suelen ser dañinas. Aun así, con el pasado desvaneciéndose en la lejanía y con un presente envuelto por un ritual con escasas alternativas y huérfano de alicientes, queda el futuro, en blanco y dispuesto a ser rellenado, aunque sea a base de una imaginación desbordante. Porque la mayoría miran más allá del próximo fin de semana o mes que viene. Su calendario, a diferencia del nuestro, no tiene doce páginas.

Mi idea del futuro ha sido siempre tan diferente a la suya. Presión por estar a la altura y no decepcionar, por coleccionar diplomas y certificados que pudieran encaramarme un peldaño más alto, por acreditar conocimiento de lenguas, por encontrar un trabajo lo más cercano a mis exigencias, por buscar destino para el próximo viaje de vacaciones, la próxima obra de teatro o película a ver en la sala de versión original, una acumulación continua de experiencias. Un futuro manejable y que en cierta manera me pertenecía, que podía adaptar según las circunstancias y que ofrecía alternativas. Controlable, porque pasara lo que pasara, poniéndose en lo peor, habría lugar al que volver y refugiarse, la opción de hacer una pausa, reponer fuerzas y volver a la carga.

Aquel futuro que planeaba antaño sobre mi vida era como el futuro en la versión gramatical del español, no admitía demasiadas complicaciones en su versión básica. Es perceptible y se sitúa a la vista, nada que ver con lo que sucede con otras lenguas, como las surgidas del bantú, unos 200 millones de hablantes en África, que lo obvia al no existir para sus hablantes la noción de lo que pueda pasar dentro de un mes o un año. Todo se reduce al presente. En español hasta en la conjugación lo pone fácil, con un listado de irregularidades asumibles y de memorización casi automática. Del futuro cuesta menos hablar que del pasado y motiva más tratarlo que el presente, al plantear un horizonte de expectativas hasta cierto punto irrealizables que evitan que se empape de la misma grisura y rutina del ahora. Porque ese futuro inmediato, pese a que no quieran compartirlo en el aula en ninguna de las actividades, es una especie de presente camuflado, es ir a sellar un papel a la Oficina de Asilo, es acudir a la cita del centro de salud con el riesgo de que no te entiendan, es entrar en el quiosco a recargar la tarjeta del teléfono móvil, es pasar por Correos por si ha llegado el paquete que envió un familiar, es hacer equilibrismo en la compra para ahorrar en lo posible.

Sin entrar en matices, entre la variedad de recursos de los que dispone el español para referirse al futuro, el que ofrece menos complicaciones y complejidad para su automatización es la perífrasis *ir a + infinitivo*, uno de cuyos usos principales es la expresión de un futuro inmediato. A pesar de las dificultades que en general se tiene para descifrar el enigma que para muchos supone el infinitivo, esta fórmula es una de las que más veloz se aprende. De forma natural, el estudiante amplía su radio de acción más allá de esa inmediatez próxima y empieza a usar esta perífrasis a modo de comodín a fin de evitar el barullo de las conjugaciones.

Escribe cinco planes para tu futuro inmediato. Utiliza ir a + infinitivo:

1. Voy a aprender muy bien español
2. Voy a tener trabajo.
3. Voy a vivir en una casa pequeña.
4. Voy a tener una familia con tres hijas.
5. Voy a vivir mucho tiempo en España.

El *ir a + infinitivo* es una de esas expresiones todoterreno rápidas de asimilar y de utilización inmediata. No queda lejos en cuanto a recurso lingüístico de primeros auxilios el futuro simple, al que como tiempo oficioso de la predicción y la probabilidad le separan finos hilos de la perífrasis reseñada. Largo, sin embargo, es el trecho por llenar hasta descubrir ese otro tiempo gramatical también referido al futuro, el compuesto, que hace referencia a los hechos que se ansía cumplir de forma segura. Ojalá algún día se plasme la intención que guarda su uso, aunque serán pocos los que cubran esa distancia, ya que supondría que esos deseos que con tanta candidez suelen expresar en clase respecto a su porvenir se han ejecutado.

1. En unos años... *habré aprendido españo*l.
2. ... habré encontrado trabajo.
3. ... habré alquilado un piso digno.
4. ... habré formado una familia.
5. ... habré vivido todo este tiempo en España.

La diferencia tanto a nivel gramatical como de significado entre un tiempo y otro, simple y compuesto, sigue marcando esa frontera inexpugnable que para ellos se levanta entre hechos y aspiraciones. En eso consiste para tantos el futuro, una colisión entre deseo y realidad.

«Mis sueños son un secreto para vosotros», me dijo un día un chico marroquí que apenas pisó clase antes de desaparecer sin tiempo para despedidas. Me gusta pensar que quizá se marchó porque alguno de ellos ya se había cumplido.

XVIII.

El trabajo se erige como la principal preocupación en lo que se refiere a lo que viene por delante, porque de él cuelgan otros factores de primera necesidad como la vivienda, el pago del alquiler y la manutención. Por eso supone una materia que aparece inexorablemente en cualquier temario de aprendizaje del español. «Quiero trabajar, no quiero aprender», recordaré siempre esa frase que soltó un maliense que ya superaba la treintena cuando alguien le preguntó por qué no quería asistir a clase. No le faltaba su cuota de razón, había llegado a España con la promesa de enviar cuanto antes dinero a una familia con graves problemas e instalada en la precariedad, que había gastado años de ahorro y depositado en su viaje un porcentaje elevado de expectativas de mejora. La palabra paciencia no cabía en su todavía minúsculo almacén léxico de español.

Tal y como está configurado, el sistema de asilo lanza a aquellos a los que cobija a empleos de baja cualificación sin tener en cuenta diferentes condicionantes previos. La contextualización y el ajuste de expectativas es imprescindible, sin que ni aun así se mitigue ese choque con la realidad que sufre la mayoría. En el caso de las mujeres es todavía más manifiesta la problemática. Involuntariamente, o no, se les empuja al sector de los cuidados, uno de los más invisibilizados y con más falta de protección a nivel social, a pesar de su trascendencia. Cuidado de niños, ancianos o enfermos y dependientes, servicio doméstico, como si esa fuera la única salida al laberinto irresoluble que enfrentan.

Trabajos que suelen incumplir lo pactado en contratos, con salarios que no corresponden a las horas trabajadas. Mano de obra barata, quince días seguidos trabajando y gracias por librar uno. Aun así, cursos de formación aunque no quieran formarse en este ámbito. Repetición del mismo discurso una y otra vez hasta que queda interiorizado: «Tienes que ser realista».

Este sector, junto a hostelería y obras y servicio son los caminos más transitados en la etapa de formación y búsqueda activa de empleo. Por eso los manuales de aprendizaje de español para el colectivo inmigrante se centran en este tipo de oficios a nivel léxico. Ocupan casi en exclusiva las lecciones dedicadas al trabajo, en una especie de involuntario desaire a otras potencialidades de la persona migrante, que solo parece habilitada para este tipo de empleos, con la consiguiente pérdida de autoestima.

Los manuales ofrecen actividades tan alejadas de la realidad como esta, como si se concediera por arte de magia la oportunidad de elegir entre una selecta gama de trabajos:

> Responde a las siguientes preguntas expresando tus deseos.
> *a) ¿De qué te gustaría trabajar?*
> *b) ¿Qué tipo de contrato crees que es más fácil encontrar?*
> *c) ¿Qué salario estás dispuesto a aceptar?*
> *d) ¿Qué horario y qué tipo de jornada prefieres?*

El desánimo se recrudece al observar que la barrera lingüística es otra desventaja añadida. El idioma afecta a la identidad y tiene un claro impacto en el concepto que la persona tiene de sí misma. Es un factor estresor que puede derivar en un bloqueo. Así les sucedió a antiguos estudiantes, como posteriormente relatarían en clase, sometidos a largos procesos de selección para un empleo que no terminaban de comprender y que concluían con un rechazo desalentador, abocados a entrevistas con profesionales de Recursos Humanos con poca paciencia o a la firma de contratos que les llevaban a ejercer fórmulas modernas de esclavitud laboral.

Por mucho que subrayaran, trabajaran y memorizaran el capítulo del trabajo, en ningún libro les explicaron los desafíos que iban a tener que afrontar.

XIX

Aquella jornada tocaba explicar el clima en español. Mes invernal, con Madrid acumulando jornadas de cielo soporífero y lluvias esporádicas. Enseguida percibí que no importaba la opinión del meteorólogo de los informativos ni lo que se podía atisbar en las alturas, para los estudiantes siempre reinaría el frío. En esa previsión el clima arroja bajas temperaturas, es un tiempo que deviene en tormentoso, como la vida en ese momento del que ocupa un escritorio en el aula. Están allí en cuerpo presente, como hoy, pero la mente permanece en la periferia. Aguardan el día en el que la coloración del cielo mejore y el reloj cronológico decida avanzar. Mientras tanto, todo son pasos inseguros y cautelosos por la niebla con la única certeza de que ese temporizador detenido arrancará el día que todos anhelan y temen, el momento en el que una llamada o una comunicación por correo electrónico ofrezca la respuesta a su solicitud de asilo.

El temario indicaba que había que enseñar los fenómenos climáticos en español. Terminamos obviándolo. Alguien se levantó y cerró las ventanas. Encendimos las luces y comenzó un diálogo sobre plazos, fechas límite, resoluciones y recomendaciones para resistir en las mejores condiciones posibles hasta ese día señalado.

Ese es su futuro, ocho dígitos, el día, mes y año que marcará el punto de inflexión y resignificará lo vivido hasta entonces. Qué aportarán en la comparación las perífrasis, las conjugaciones, el imperativo o el vocabulario del clima. La burocracia se encarga de eternizar la espera. La duración media de la resolución de una solicitud de asilo supera con creces los seis meses que estipula la ley, consolidando a España como uno de los países de la UE más lentos en responder. La institución encargada de solucionar las peticiones es la Oficina de Asilo y Refugio (OAR), organismo del que cada cierto tiempo aparecen noticias en los medios relativas a la acuciante falta de personal. En 2020 todavía se estaban resolviendo expedientes de 2015. El proceso se agilizó durante la pandemia y los meses de confinamiento debido al descenso de la cifra de solicitudes, aunque la situación dista de estable. Según datos ofrecidos por CEAR, en 2021 volvió a aumentar ligeramente el número de solicitudes pendientes de resolución y más de 104.000 personas seguían a la espera de una decisión de las autoridades españolas.

Aún hoy, miles de personas aquí y otras tantas en otros lugares, siguen acudiendo a sus clases de idioma mientras aguardan la respuesta que va a condicionar sus vidas. En esa espera, el clima permanecerá inmutable para ellos, un cielo plomizo y siempre amenazante de tormenta.

XX.

Los días en los que no se quiere acudir a clase existen y no hay motivo que impida el no visibilizarlos. Jornadas en las que falta la motivación necesaria, en las que las ganas se evaporan, en las que la temperatura no acompaña, en las que las circunstancias personales bloquean todo intento de llegar al aula. Si me pasa a mí, cómo no se va a poder justificar las ausencias de determinados alumnos, incluso sin causa mayor y excusa de por medio. Los rigores burocráticos imponen que se acredite la asistencia mediante firma y que el número de faltas no supere un porcentaje sobre el total y, en caso de hacerlo, se advierta y se llegue a sancionar. Así se hace en Alemania, donde se llega a recortar las prestaciones económicas a aquellos a los que se considere «sin voluntad de integración». Se obvia en los listados a rellenar diariamente, tan fríos, tan ajenos a la realidad, el estrés de la situación por la que pasan los aprendientes, las tensiones y los problemas psicológicos y físicos o las dificultades de alcanzar un nivel mínimo de lengua y la desmotivación que eso conlleva. Se balancean entre el empeño y la negación, entre la necesidad y la imposición.

No hay que ocultar las complicaciones que acaecen el aula, aparte de las ausencias sin justificar: divergencias sobre la metodología aplicada, profesionales que no saben o no quieren delimitar su papel, tensiones entre nacionalidades que tienen su origen en enfrentamientos políticos gubernamentales, problemas de un ámbito más personal motivados por caracteres antagónicos, dificultades de convivencia en un centro o piso que se trasladan al aula y personas con una irresoluble falta de disciplina que se traduce en situaciones complicadas en su relación con el profesorado. Se trata de alumnos que frenan con su actitud el aprendizaje general y dificultan el ritmo de la clase con continuas interrupciones y faltas de respeto. Por fortuna, casos puntuales, aunque no por ello hay que dejar de significarlos y darles relevancia.

Otro elemento que impide la fluidez de las clases son aquellos que señalan al profesor por lo que consideran una nula progresión en el idioma, transmitiéndole una responsabilidad que carga en su mochila emocional y que corre el riesgo de ir incrementando su tonelaje. La identificación del docente como parte de un sistema que muchos consideran injusto y opresivo es sin duda un factor a tener en cuenta. Eso no descarga de responsabilidad al profesional de la enseñanza. Una baja asistencia también puede indicar que hay un desequilibrio entre las motivaciones y necesidades del alumnado y lo que se le está ofreciendo y cómo.

Hay también una parte asistencial dentro del trabajo del profesor de español para refugiados, solicitantes de asilo y personas migrantes en general. Me refiero en esta tesitura a estudiantes que solicitan ayuda en el proceso de búsqueda de vivienda, que piden acompañamiento para ir a un establecimiento en el que temen no hacerse entender, que reciben una llamada telefónica del banco o del colegio de los hijos y sin preguntar te colocan el móvil al lado de la oreja para que seas tú el responda. Un proceso de guía y tutorización que se alarga más allá de la enseñanza al que es complicado negarse y que hace todavía más absorbente una labor ya de por sí ardua, porque además hay que ser prudentes, no intrusivos y vigilar no acceder a terrenos para los que no se está cualificado y que pertenecen a otras áreas. Cuando los retos que hay por delante para el estudiante son tan exigentes, el reiniciar una nueva vida, y la dependencia de este propósito con la adquisición del idioma es tan elevado, la presión interna por cumplir esos objetivos puede llegar a ser paralizante.

Hoy no quiero dar clase, y espero que se pueda comprender.

2. EL ESTUDIANTE

Hace tiempo que no sé de ti. Te perdí la pista en Granollers, municipio barcelonés al que hasta entonces solo ubicaba por su equipo de baloncesto ochentero, qué te importará a ti este detalle. Me felicitaste el último cumpleaños y me contaste que estabas bien, que compartías una vivienda pequeña con otros seis compatriotas. Te ganabas la vida con lo que iba saliendo, a la espera de poder regularizar tu permiso de residencia. Todavía te quedaban dos años más de espera, como mínimo, antes de poder iniciar las gestiones correspondientes, no quise decírtelo para no desanimarte, porque es allí donde depositabas las esperanzas de un futuro con menos sombras. Unos meses después intenté llamarte y una voz artificial me indicó que ese mismo número en el que intercambiábamos información sobre nuestros respectivos derroteros por la vida ya no existía.

Llegamos a Gran Canaria en condiciones diferentes. Yo tocado en lo anímico tras una dura experiencia como profesor en un colegio del extrarradio de París. Antes pasé unos años en Argel, tratando de descifrar el código de ese mundo tan diferente en el que me refugié para cicatrizar heridas de un pasado errático, en una especie de búsqueda desesperada de uno mismo, un último intento. Un emigrante, un expatriado, un exiliado económico o un aventurero, se calificó tantas veces a los que salimos de España en los años de la crisis, del boom inmobiliario, cuando la corrupción, las que decían promesas incumplidas, la precariedad y otros problemas hicieron cumbre. Uno más de la Marea Granate, denominación en homenaje al color de nuestro pasaporte. A ti y a tus compañeros os definen de otra forma menos amable, hablan de oleadas, avalanchas y hasta de invasiones, y en ningún caso mitifican vuestro relato migratorio, al contrario, siempre en entredicho y bajo sospecha. La marea que tan bien conoces tampoco es granate, ha cercenado centenares de vidas y pudo acabar con la tuya en cualquiera de los dos viajes que te trajeron aquí. Desde donde salís ni siquiera hay años específicos de crisis, no has conocido otro estado desde que tienes uso de conciencia.

Al llegar a la isla pasaste unos días en el hospital recuperándote de las secuelas que te dejó el viaje, graves problemas gastrointestinales. Yo vine a Las Palmas de Gran Canaria en avión y una responsable de mi nuevo puesto de trabajo se acercó a recogerme. Me trasladó a la capital en su coche, recorrimos juntos el Paseo de la Canteras y me invitó a comer en un restaurante *vintage* al borde de la playa. A ti te atendió la Cruz Roja, la Policía te tomó declaración sin un traductor en la mediación y, una vez visto tu estado de deshidratación, decidieron ingresarte de urgencia.

No recuerdo nada de aquel viaje en avión. Otro más de tantos, sin ningún elemento distintivo. Tú recuerdas al detalle el periplo que te llevó desde Kayar a Maspalomas. Viajaste en un cayuco de madera, junto a otras 73 personas, pero lo quieres olvidar, hacer como si no hubiera existido, anularlo de la memoria. Nunca te pregunté por el viaje, cuántos erais a bordo, cuántos días tardasteis, cuántas veces pensaste que no ibas a llegar, si podías dormir, si había algo en tus sueños, si lo que encontraste compensó lo vivido.

Yo nunca había estado en las Islas Canarias hasta el año en el que coincidimos. Tú ya habías estado en 2006, mismo trayecto y tipo de embarcación, más joven e impetuoso. Te deportaron a los diez días, la primera vez que te subías a un avión. No sabías qué estaba pasando hasta el último instante ni el destino de aquel vuelo al que llegaste escoltado por agentes de policía. Te dejaron en Dakar y tuvo que venir un primo a recogerte varios días después. Esa semana de espera en la capital no quisiste contar qué hiciste.

Trabajaste tantos años de pescador, me contabas lo mal que estaba el tema los últimos tiempos, los riesgos que se corrían para tan exiguo beneficio. El mar se estaba vaciando de peces, venían barcos desde lejos a competir por lo poco que quedaba, aunque decías que enarbolaban bandera senegalesa. Eran las tuyas y las de tus compañeros de *pirogue*[14] faenas maratonianas en las que se empezaba con el sol todavía por aparecer, de las que se ignoraba el final y en las que se podían sacar al cambio unos tres euros diarios. Yo fui dando tumbos hasta encontrar en la enseñanza de español a extranjeros un espacio en el que posar perspectivas laborales, aunque estas no adquirirían sentido hasta que descubrí años después poder combinar esta labor con el contacto con personas que no tuvieron las mismas oportunidades que yo.

El día que nos cruzamos por primera vez estaba en el Centro de Acogida en labores de coordinación del área de Aprendizaje del Idioma. Nos avisaron que venía un grupo numeroso del CIE y necesitaban colaboración. Me asignaron el reparto de ropa junto a un voluntario. Ibais pasando en fila de forma disciplinada, la mayoría bromeabais, como si supierais que el periodo del miedo a lo desconocido había abierto un paréntesis momentáneo. Con los pocos que chapurreaban francés, como contigo,

14 Término con el que se denomina en Senegal a los barcos de pesca.

como con Abdoulaye, cruzaba algunas palabras de cordialidad, la experiencia enseña que se agradece en estas situaciones iniciáticas. Recuerdo que me explicaste que era la segunda vez que habías llegado a Canarias y que si te devolvían lo seguirías intentando hasta poder quedarte. «Si viajo sé que me puedo morir. Si me quedo allí me muero seguro».

Las últimas vacaciones las había pasado en Suecia. Tú nunca habías salido de Senegal. Allí fui un turista, bien recibido. Tú aquí no cumples los requisitos exigidos para pedir asilo, por mucho que te alejes de una miseria estructural, lo que te lleva al escalafón más bajo para un recién llegado. Para mí cruzar las fronteras de aquel viaje fue como atravesar puertas, algo natural y que no revistió de complicaciones. Para ti las fronteras hasta llegar a España supusieron un muro, un obstáculo, un impedimento, todavía un peligro constante, líneas invisibles externalizadas al mejor postor, vergüenza y humillación de la Unión Europea.

Teníamos la misma edad, aunque me superabas de largo en experiencia vital, sin importar que no hubieras salido apenas de tu lugar de procedencia, aquella ciudad costera orientada a la pesca de la que buscamos juntos fotografías en el ordenador. Allí dejaste mujer y una hija, pude ver una imagen suya cuando te hiciste con aquel móvil, cómo olvidar la tarde que te acompañé a comprarlo. Intentaste que te rebajaran el precio ofreciendo un collar ante la mirada atónita del dependiente. Conseguiste el dinero necesario en un mercadillo del municipio ayudando a montar diferentes puestos y a cargar bultos de un lado a otro. El malentendido en la tienda lo zanjamos entre risas y pudiste llevarte el móvil que querías.

Los dos hablábamos un francés imperfecto en el que nos entendíamos sin problemas. Me ayudabas a traducir algunas informaciones y me enseñaste algunas palabras de wolof. *Jerejef, xàrit*[15]. Ponías mucho empeño en aprender español, pero hay que reconocer que tus avances eran lentos y fatigosos. Exigías en exceso a la memoria ante la falta de otros recursos habituales del estudiante que nunca fuiste. Por primera vez te enfrentaste a un proyecto educativo formal. Todo era nuevo, para ti como estudiante, para mí como profesor. Cuando terminaba la clase yo cogía dos autobuses para volver al piso en el que vivía solo, cerca de la playa, 50 metros cuadrados, televisión, wifi y cocina equipada. Tú pasabas por delante de Teatro Víctor Jara, cruzabas un parque sin nombre y en cuanto llegabas al centro subías al segundo piso a la habitación que compartías con otros tres compañeros, una cama y un pequeño armario.

Mi padre me puso su nombre, que a su vez era el mismo que el de su padre, mi abuelo. Un agente escribió mal el tuyo, le birló una letra que cambiaba su fonética casi por completo. A un compañero de cayuco le fue peor. Su Souleymane quedó transformado en Sinanime. Imagino a los funcionarios tomando nota con dejadez, rápido y a otro asunto, con la soberbia que brota de la ignorancia, quitando importancia a un trance básico y fundamental para la dignidad de la persona que tenían enfrente, despojándole de lo básico, de esa raíz tan profunda que se inicia en el nacimiento. En tu caso, como en el de Souleymane, como el de tantos, el error quedó reflejado en el papel mil veces doblado que guardabas en el bolsillo, el único documento que acreditaba quién eras ahora, rebautizado en un país extraño por la desgana ajena. Te di varias veces una funda de plástico y te insté a conservarlos con más cuidado, peticiones que cayeron en el lado equivocado, nunca te llegué a ver usándola. Pocas veces contemplé un documento tan fundamental y a la vez tan maltratado involuntariamente.

Aprendí a escribir antes de la edad que indican los manuales de crianza. Me encariñé rápido con las letras, adoraba comple-

15 En wolof. *Gracias, amigo.*

tar cuadernos de caligrafía, experimentaba con las formas del abecedario y reclamaba trabajo extra en ese ámbito. Juntaba las frases para ganar espacio y poder escribir lo máximo posible en cada folio. Se trataba de ahorrar ya desde la infancia. Tú no tuviste esa oportunidad, así que tuvimos que empezar desde cero. Enseguida me llamó la atención tu uso del móvil, cómo lo adaptaste y transformaste en una herramienta eficaz para aprender a comunicarte por escrito.

Mientras tú ya trabajabas yo iba sumando horas de cursos y sacando certificados y diplomas. A ti te llaman 'sin papeles' y yo los acumulo. Me dijeron que el futuro sería despejado cuántos más tuviera. Idiomas, estudios, máster, licenciaturas, papeles y más papeles, todos por un módico precio, avisan en la publicidad. Tú no tienes y a mí me sobran. Tú los necesitas de verdad y yo miro esta colección y pienso en el tiempo desperdiciado. Horas de congresos en los que los ponentes parecían competir por quién tenía una biografía de presentación más extensa y con mayor número de méritos académicos. La tuya me la resumiste en unos segundos, con tu nombre y tus esperanzas.

Pasamos horas hablando y, cuanto más tiempo transcurría, más consciente era de que no te conocía. Conocí o creí hacerlo al de aquí y ahora, la persona que fuiste seguiría siendo un extraño con tu mismo nombre, consciente de que en cada relato de un pasado se cuela tanta ficción como realidad. Lo mismo pensarás de mí, si pude causar daño a otras personas, si no me comporté correctamente con quién estaba cerca, si el rencor por las malas decisiones todavía golpeaba por dentro. Fuimos una amistad de presente, nada más.

El día que conseguiste reunir el dinero para ir a la Península a reunirte con tu padrino, así llamáis a los amigos de los amigos, me llamaste por el mismo móvil que adquiriste la vez que te acompañé a la tienda. Fue la despedida idónea, la que reúne a aquellos que compartieron momentos únicos y que saben que no van a volver a coincidir. Me regalaste el collar de zinc que había rechazado el dependiente como método de pago.

Aquel móvil que nos unió hoy nos separa.

Vuelvo a llamar y no hay respuesta. Una voz, fría, mecánica, impersonal, que no es la tuya, me reitera que tu número ha dejado de existir.

3. EL EXAMEN

I.

Nosotros, de nacionalidad española. Los nuestros, los de aquí. Los míos.

La Furia. La Roja. Los Hispanos. La Armada Invencible. «Soy español, ¿a qué quieres que te gane?». «Ser español ya no es una excusa, es una responsabilidad». «Yo soy español, español, español».

Barcelona'92. La Expo de Sevilla. Campeones en el Mundial de 2010 de Sudáfrica. La Eurocopa 2008 del *Tikitaka*. Rafa Nadal y Roland Garros. Real Madrid y FC Barcelona. Cinco Tour de Francia de Miguel Induráin. Los 12+1 de Ángel Nieto. Arantxa Sánchez Vicario gana a Steffi Graf. Pau Gasol, dos anillos de campeón de la NBA.

Banderas en los balcones. Las doce uvas. Operación Puerto. Un congreso de los diputados vociferante. Guerra Civil. Golpes de estado. La burbuja inmobiliaria. Líderes en vacunación. Primer país receptor de turismo mundial.

«Ser español ya no es una excusa, es una responsabilidad».
«Yo quiero ser como tú, español».

II.

Sidi acumula más de treinta años en Gran Canaria. Este marino de profesión ha alternado periodos de amplio desempeño con otros de escasez a la espera de que un buque le devolviera a alta mar. Vino procedente de Mauritania en los años ochenta y el encuentro con un nuevo idioma lo vivió con suavidad. Lo aprendió con la necesidad que apremia al especialista en supervivencia y ahora incluye canarismos y perfila un acento indistinguible del de cualquier local. Hace un par de años se propuso conseguir la nacionalidad española. Se informó en un bufete de abogados y días después se inscribió para cumplir uno de los requisitos que se le solicitaban.

El examen DELE. Nivel A2.

III.

El acrónimo DELE corresponde a Diploma Español de Lengua Extranjera. Es la versión nacional del DELF francés, el Cambridge inglés o el Goethe alemán. Existen diferentes niveles que se rigen por el Marco Común Europeo de Referencia (MCER), un estándar europeo que unifica los criterios para determinar el dominio de un idioma. El sistema que propone establece seis niveles (A1, A2, B1, B2, C1 y C2) que detallan las habilidades y conocimientos que debe reunir el estudiante. Para acreditarlo se crearon unos exámenes oficiales que en España organiza el Instituto Cervantes. Yo mismo fui examinador en varias convocatorias. Un par de documentos de mi extensa colección de papeles así lo recuerda.

Para acceder a la nacionalidad la Administración exige a todo aquel que no sea nacional de país o territorio hispanohablante estar en posesión, como mínimo, de un diploma de nivel A2. Había tres excepciones, a la hora de imprimir estas líneas, que permitirían eludir este trámite, tal y como recogía en su momento la orden ministerial correspondiente, en la que se leía literalmente un «pueden estar dispensados» poco clarificador:

-Presentar trastornos o dificultades de aprendizaje en más de un 65 por ciento.

-Disponer de titulación en estudios oficiales, cursados en España y en español, de nivel medio y superior.

-Haber realizado cursos de Educación Secundaria Obligatoria en España.

Se menciona también una dispensa parcial para el siguiente caso:

-Personas que no saben leer ni escribir.

Persuadido por el abogado al que acudió, Sidi se matriculó en la convocatoria más cercana que había en el calendario. Confiaba en su manejo del español. No recibió más información sobre las peculiaridades del reto que encaraba ni tampoco se preocupó en exceso de ello. Le sorprendió descubrir que tenía que pagar 130 euros, cantidad que debería volver a desembolsar si suspendía y decidía intentarlo de nuevo. Lo hizo esa misma tarde, porque para Sidi tener la nacionalidad era algo importante, no un capricho ni algo simbólico. Le supondría, entre otros beneficios, detener por fin ese carrusel interminable de papeleo para regularizar su estatus y no tener que depender de visados de vuelta cada vez que quisiera viajar a Mauritania a ver a su familia.

El día del examen Sidi fue al centro en el que se matriculó con la determinación del que cree saber que llega con el trabajo hecho. La seguridad le duraría poco. Verificó con estupor que no comprendía la mecánica de algunas de las actividades propuestas. Sus nervios aumentaron al enfrentarse a la prueba escrita y terminaron por desatarse en el pulso que mantuvo con el reloj y el límite impuesto. Los minutos no pasaban rápido, se le escapaban de las manos. Demasiados factores que provocaron que se levantara antes de finalizar y regresara a casa, tocado en la moral y, de alguna manera, con la sensación de haber vivido una pesadilla de esas que dejan secuelas al despertar.

IV.

El caso de Sidi sumó uno más dentro de un largo listado. Gente ensamblada en la sociedad española, con una impecable competencia a nivel oral y que se vio sancionada por un examen que les hace infranqueable alcanzar la nacionalidad. Sidi apenas pudo participar en la escuela cuando era un chaval. Aparcó sus estudios al tener que empezar a trabajar muy joven para contribuir a la manutención de una familia saturada de miembros en su Nouakchott natal. Está alfabetizado, pero le falta desarrollar habilidades en la parte escrita y, ya con el medio siglo superado, la situación familiar y laboral no le permite disponer del tiempo requerido para mejorar en esta parcela. El perfil de Sidi se ajustaría a uno de los grupos de excepciones antes citadas, los que muestran dificultades de aprendizaje. Si hubiera recurrido a esta prerrogativa enfrentaría una nueva traba: cómo demostrarlo. Optar por esta vía le llevaría a otro farragoso recorrido secundario consultando a profesionales especializados en la materia. Añadiría más desembolso económico y aun así prevalecería la incertidumbre de si el documento concluyente tras el periplo serviría a la Administración para tramitarle la dispensa, fuera parcial o completa. Cansa solo escribirlo.

A pesar de que ha habido modificaciones recientes ejecutadas desde el Departamento de Certificación y Acreditación del Instituto Cervantes, pertinentes y desde luego bien recibidas —la creación del nuevo DELE A2 para personas no alfabetizadas—, y se ha tratado de concretar quién puede estar exento de realizar las partes escritas del examen, el proceso sigue siendo demasiado ambiguo y sujeto a criterios poco definidos. Para pedir una dispensa parcial se debía presentar un informe sobre el nivel de alfabetización emitido por los centros de alfabetización de cada Comunidad Autónoma o de los ayuntamientos de cada municipio. Reunida la documentación, será el Ministerio de Justicia el que valore cada caso y emita la correspondiente resolución, sin que se adviertan plazos de respuesta. Como ejemplo concluyente, uno se pregunta cómo se puede acreditar fidedignamente que una persona no sabe escribir ni leer. En la excepción sigue escondida la trampa.

V.

El Instituto Cervantes se encarga de elaborar estos exámenes, abiertos a revisiones por parte de su Departamento de Acreditación. La prueba consta de cuatro bloques: Comprensión Lectora, Expresión Oral, Compresión Auditiva y Expresión Escrita. Lleva en funcionamiento desde 2002, aunque fue en 2015 cuando se estableció como requisito para el acceso a la ciudadanía española. El formato que propone evidencia que se dirige a un colectivo que está familiarizado con los procesos de evaluación a nivel académico. Hablamos de estudiantes y profesionales cualificados. Muchos buscan adquirir este diploma por el prestigio y por las puertas profesionales que les pueda abrir. Todo lo contrario de lo que suponía, una obligación impuesta, a personas como Sidi, o como la decena de alumnos que cada jueves entraban en el aula donde empezamos a impartir las clases de preparación para este examen.

El curso arrancó como una propuesta personal con solo dos estudiantes, una aplicada mujer nigeriana y otra de Ghana igualmente concienciada en la búsqueda del aprobado. Era la primera vez que se ofrecía en la entidad en la que trabajaba, que llevaba tiempo buscando abrir un taller de estas características. Rápidamente y de forma sorpresiva fue creciendo y las peticiones se incrementaron a tal nivel que hubo que habilitar dos franjas horarias.

En el aula se cruzaban personas con trayectorias educativas y de formación bastante dispares. Predominaban en cuanto a número las procedentes de África. Había algunas que empezaban a mostrar signos de desesperación, hastiadas de chocar con un muro de hormigón sin contar con las herramientas precisas para derribarlo. Recuerdo a un señor guineano que había suspendido hasta tres convocatorias. Otros venían a una clase por probar y una vez se les revelaba la estructura del examen abandonaban al considerar que ni siquiera les merecía la pena intentarlo. La mayoría perseveraba y se esforzaba, aunque era evidente que para algunos de ellos iba a suponer un reto excesivo, por no decir inviable. Coincidían en la confusión que les producía la metodología empleada, la estructura del formato y el proceso posterior de evaluación. Anteriormente no habían recibido ningún tipo de asesoramiento.

A veces los contratiempos se adelantaban e irrumpían en un momento impensado, la inscripción, un verdadero escollo para aquellos no familiarizados con las matriculaciones online. Recuerdo tantas ocasiones que me pidieron cita para ir a la sala de informática del centro y ayudar a realizar lo que debería ser un mero trámite. La reglamentación del DELE obligaba al aspirante hasta muy recientemente a disponer de una cuenta de correo electrónico para inscribirse, por lo que a algunos tuve que abrirles una y explicarles su funcionamiento desde cero. Por supuesto y peses a mis reticencias, no mostraron ningún problema en revelarme su contraseña. Aunque desde nuestra perspectiva esto parezca inconcebible, cuando manejamos hasta dos, tres o más cuentas al mismo tiempo y saltamos de una red social a otra en segundos, este tipo de situaciones son muy habituales en otras esferas y generan ya de inicio inconvenientes que hubieran sido más fácilmente subsanables con un sistema de matriculación más flexible, como finalmente y tras mucho tiempo se estableció. En esta tesitura, había algunos que me llegaban a desvelar la clave de acceso a su cuenta bancaria cuando apenas nos conocíamos. Todo por plantarse delante del examen nivel A2 del DELE.

VI.

El Cervantes decidió, por lo tanto, renovar los DELE a principios de 2020 para ajustarlos a la realidad del perfil de clientes que quieren acceder a la ciudadanía española. Clientes, la terminología no debe llegar a engaños, se está ante una transacción en la que prima lo económico. Lo que en principio fue visto con optimismo dentro del aula de preparación fue virando hasta instalarse en la decepción. Ya con el nuevo formato en mano se podía verificar que los cambios habían sido ligeros[16], casi un retoque estético, aunque se habían suavizado o intentado definir mejor los criterios de dispensa parcial para las personas no alfabetizadas. Aún así, el texto escrito se mantenía como base de las cuatro partes que componen el examen, incluso de la oral. Otra forma más de dejar patente que uno de los objetivos no expuestos abiertamente de estas pruebas es poner en dificultades a un perfil determinado de solicitantes de la nacionalidad, normalmente el más vulnerable y que menos recursos detenta. El Cervantes consiguió en 2019 más de once millones de euros de beneficios, casi un sesenta por ciento más que el curso anterior, según reflejó el Boletín Oficial del Estado (BOE), un aumento fundamentado en las pruebas de certificación y las matrículas de los cursos[17]. Un negocio en toda regla.

16 A excepción del ya citado DELE A2 para candidatos no alfabetizados, que apuesta por la oralidad y sí ajustado al perfil de personas al que se dirige

17 En 2020 los ingresos por los exámenes DELE fueron de 3,1 millones de euros. Fuente: newtral.es

La Administración levanta así un muro de control que afecta fundamentalmente a personas de una determinada orientación socioeconómica, en un evidente sesgo de clase. Coincide este hecho con la aparición cada cierto tiempo de noticias sobre concesiones de nacionalidad por carta de naturaleza, una figura jurídica que han venido aplicando diferentes gobiernos y que reduce bajo determinadas prerrogativas los plazos y requisitos de nacionalización estipulados. Se otorga a sujetos de relevancia pública. Es habitual, por ejemplo, que la reciban deportistas. Dos de los últimos fueron futbolistas, ambos con su cuota correspondiente de polémica. El primero fue Ansu Fati, que ya debutó con la selección española, un hijo de la inmigración que llegó con su padre desde Guinea Bissau cuando tenía seis años. Más adelante le tocó a Aymeric Laporte, defensa nacido en la ciudad francesa de Agen y formado desde los quince años en las categorías inferiores del Athletic de Bilbao. Los periodistas deportivos le recibieron como se esperaba, con la flecha colocada en un arco tensado al máximo. «¿Tú te sientes plenamente español?», le preguntaron en su primera rueda de prensa.

No solo de fútbol se nutre este proceso. En atletismo deportistas cubanos como Niurka Montalvo u Orlando Ortega se han colgado preseas bajo bandera española. El boxeador cubano Enmanuel Reyes Pla recibió la nacionalidad a principios de 2020, a las puertas de los Juegos Olímpicos de Tokio, donde sonaba como un futuro medallista que luego no fue. Finalizó quinto y se quedó sin portadas. El esquiador de fondo alemán nacionalizado español Johann Mühlegg realizó el camino contrario. Se le llamó Juanito hasta que dio positivo en un control antidopaje. Tuvo que devolver las tres medallas de oro que bajo bandera española ganó en 2002 en Salt Lake City y cayó en el olvido. El cariño se transformó en desprecio. Sin el brillo del metal dejó de ser de los nuestros.

Uno de los problemas se deriva de la imperativa necesidad política de hacer propaganda con estas medidas. En medio de una campaña lanzada por diferentes ONG durante la pandemia de la Covid-19 para la regularización de las personas migrantes, el entonces vicepresidente del Gobierno español, Pablo Iglesias, publicó un tuit felicitando al músico británico James Rhodes por haber obtenido la ciudadanía mediante la carta de naturaleza. La respuesta de las diferentes organizaciones, contando en primera instancia con el apoyo del pianista, fue contundente. Había sido una inmensa torpeza publicitarlo de esa manera. El político intentó reparar el desliz unos minutos más tarde destacando lo oportuno de la noticia, que había servido a su juicio para reabrir el debate sobre la situación del colectivo en España. Al cabo de unas horas ya nadie se acordaría de ese presunto diálogo social. El *status quo* imperaba y esta anécdota no iba a alterarlo.

El camino para obtener pasaporte español es costoso en lo económico y lo moral. El DELE A2 es una especie de muro entre las sombras, un inesperado arrecife en un mar en calma. Rara vez se le menciona en los medios de comunicación. No funciona como noticia, es de embrollada explicación y de escaso poder atractivo para lector, oyente o televidente. La nacionalidad luce cuando se le concede a alguien mediático y sirve en foros reducidos para generar un artificioso debate cuya mecha dura apenas unos días. Hay otros casos en los que salta a la primera plana, cuando se concede tal privilegio por una acción de un anónimo que se considera heroica. El maliense Mamadou Gassama pasó a mediados de 2018 de ser un olvidado, un marginal, a reunirse con Emmanuel Macron, recibir un pasaporte francés, ser condecorado y un par de meses después integrar el Servicio Cívico del cuerpo de Bomberos de París. La prensa le definió como el Spiderman del XVIII por su forma de trepar un edificio del distrito norteño de la capital francesa y salvar a un niño de cuatro años situado al borde la cornisa. Gassama explicó al presidente de la República en un acto oficial su ruta hasta llegar a Francia, un trayecto lleno de penalidades que le hizo atravesar Níger, Burkina Faso y Libia antes de entrar en Italia en una lancha. Macron le escuchó sin interrumpir su relato. Al finalizar le estrechó la mano y se marchó. Gassama en la actualidad ya no pertenece a los bomberos y continúa sus cursos de francés en la *banlieue* parisina.

También en Francia, Laye Fodé Traoré accedió a la nacionalidad vía exprés, pero por otra ruta. Este guineano trabajaba de aprendiz de panadero en Besançon cuando recibió la noticia de que iba a ser deportado. Su jefe se puso en huelga de hambre para evitarlo y finalmente consiguió su objetivo. «Antes de que Laye llegara no me preocupaba especialmente por el destino de estos jóvenes», manifestó su capataz, ya transformado en noticia.

Nacionalidades puntuales y fuera del sistema, otorgadas en ambos casos debido a situaciones límite. Papeles a cambio de una hazaña y de poner la vida en riesgo. Otra vez la división entre migrantes buenos, los héroes, los medallistas, y el resto, anónimos villanos de una historia que pocos se prestan a leer. Nuevamente el acceso a la nacionalidad jerarquizando incluso cuando son las buenas intenciones las que lo mueven.

VII.

El DELE no está solo. Le acompaña otra prueba auspiciada por el Instituto Cervantes y que el postulante también debe superar obligatoriamente. Es el CCSE, horrenda sigla que se refiere al test de Conocimientos Constitucionales y Socioculturales de España, un formato introducido por el Ministerio de Justicia en 2016. Al ser más llamativa que el DELE en cuanto a los contenidos, ha tenido más presencia mediática. Han proliferado los reportajes televisivos en los que el periodista utilizaba preguntas de esta prueba para evaluar si un ciudadano español a pie de calle lo aprobaría. Piezas entretenidas, sin duda, pero también tramposas al no ofrecer ningún espíritu crítico o esfuerzo reflexivo sobre el tema. Acercamientos, en definitiva, que se quedan en lo pintoresco y lo llamativo y que en ocasiones ilustran una dificultad que puede poner en aprietos hasta a la persona más preparada. Hay que reseñar, no obstante, algunos textos aparecidos en medios de comunicación que sí se atreven a cuestionar este tipo de test. El escritor Patricio Pron, en un ingenioso artículo publicado en *El País* con el título *¿Qué significa ser español?*, manifestaba dudas sobre su propia participación en el proceso. Escribía lo siguiente: «Una cierta opacidad de esos trámites hace que sea prácticamente imposible llevarlos a cabo sin recurrir a abogados y a facilitadores varios, y no sorprende que haya academias privadas que preparan para la realización de ambas pruebas».

Pron pasó la prueba sin mayores complicaciones. La elevada tasa de aprobados del CCSE[18] ha provocado un efecto contradictorio. Al contrario de lo que sucede con el DELE, esta facilidad para superarlo ha motivado que no sea tan cuestionado. El examen consta de 25 preguntas con tres opciones de respuesta. Solo una es correcta. Se dispone de 45 minutos para contestar. Para aprobar hay que acertar un mínimo de quince, el 60 por ciento, sin que las contestaciones fallidas resten. Las posibles preguntas se encuentran en un manual que se puede descargar de Internet, con las respuestas incluidas, por lo que no hay más que memorizarlas para poder afrontarlas con garantías. El precio de inscripción es de 85 euros. El pago da derecho a presentarse hasta en dos ocasiones. El paquete

18 En la convocatoria de marzo de 2022 se registró un 96% de aprobados sobre un total de 14.572 inscritos.

ofertado por el Instituto Cervantes incluye una aplicación móvil oficial –«la única», subrayan en la web– con la que prepararse de forma autónoma. Capitalismo lingüístico en su máxima expresión.

VIII.

El CCSE se divide en cinco apartados, cada uno con su batería correspondiente de preguntas: 'Gobierno, legislación y participación ciudadana'; 'Derechos y deberes fundamentales'; 'Organización territorial de España (Geografía Física y Política)'; 'Cultura e historia de España'; y 'Sociedad española'.

Así, en el primer capítulo, aquella persona que desee acceder a la ciudadanía deberá saber dónde reside la soberanía nacional, que el ICEX es el organismo que promociona internacionalmente a las empresas españolas, cuál es la diferencia entre un estado laico y uno aconfesional, cuándo y dónde se debe utilizar la bandera rojigualda, cómo se llaman los órganos de gobierno de las Islas Baleares o que en España hay 50 provincias y no 49.

La posibilidad de acertar crece en el segundo bloque, 'Derechos y deberes fundamentales', puesto que hay que elegir entre dos opciones (verdadero/falso) y no tres, con cuestiones como la fecha exacta en la que se aprobó la Constitución u otra que pide determinar si todos los ciudadanos, excepto los desempleados, tienen acceso al sistema de Seguridad Social público y que si fuera objeto de un coloquio agitaría algo más que las conciencias.

La tercera parte traslada a esas clases de geografía española de la infancia, solo que en el caso de que a quiénes se va a interpelar nunca las tuvieron. Los examinados tendrán que localizar dónde se ubica el parque de Doñana o saber cómo se denomina el clima de las Islas Canarias, entre otras materias.

El cuarto bloque se centra en aspectos culturales e históricos. De esta forma el examinado tendrá que distinguir los rasgos de una novela picaresca, conocer la profesión de Luis Rojas Marcos o no confundir a Alejandro Sanz con Alejandro Amenábar. En esta parte puede caer tanto una pregunta sobre qué deporte practica Gemma Mengual como otra sobre el año de finalización de la Guerra Civil.

Un carácter algo más práctico, en apariencia, tiene la última sección, dedicada al entramado burocrático. Combina preguntas como qué tipo de protección asegura el estado a sus ciudadanos o la edad mínima para hacerse el DNI, con asuntos de relieve como la profesión de Dabiz Muñoz[19] o la composición de la sangría. La matemática también hace acto de presencia con cuestiones como qué cantidad compramos con 250 gramos de queso o a cuánto equivalen 750 mililitros de una botella de agua. No falta una mención al Aeropuerto Adolfo Suárez, al que ya le han despojado el Barajas de toda la vida.

Que cada cual saque sus conclusiones sobre la pertinencia de un examen de estas características como medidor de integración.

IX.

En la actualidad, desvanecido en la nebulosa de esos contados estudiantes con los que se traba algo similar a la amistad, Sidi hace de la perseverancia su particular épica. Sigue asistiendo a clases de preparación del DELE, ya con otra profesora, y mantiene su particular pugna con la escritura. De vez en cuando me escribe por Whatsapp para hacer notar sus progresos y para preguntarme si hay alguna novedad que le beneficie de cara a la obtención de la nacionalidad, si por fin han decidido eliminar el examen. Respuesta negativa. Aunque el mundo haya dado un vuelco, todo seguirá igual para los menos favorecidos.

19 Cocinero español especializado en cocina de vanguardia.

4. EL ALFABETO

I.

Nombre, apellido y país de origen. Abdoulaye Faye. Senegal. Caligrafía, repetición y más repetición. Memorizar lo primordial y aplicarlo sobre la verticalidad del papel en el lugar correspondiente.

Los cursos de alfabetización deben ser cortos para no desalentar y que se puedan hacer perceptibles los avances y así ir sobrepasando objetivos.

A medida que el estudiante aprende a leer se agranda el entusiasmo, escala la autoestima y se solidifica un proceso de autoconfianza debilitado en etapas anteriores de elevado desgaste emocional. Perseverancia y paciencia son las cuotas mínimas exigibles para ir cubriendo etapas y progresando.

> Profesora: «Mafalda, mi mama me ama, mi mama me mima».
>
> Mafalda: «Felicidades, veo que su mama es fantástica, ahora enséñenos cosas importantes».

La viñeta de Quino revela la trascendencia de alfabetizar dando una orientación práctica, que el proceso responda a una lógica. Por experiencia, los métodos tradicionales aburren y desembocan en el absentismo. Se esquivan los significados para obsesionarse con la forma, con un resultado desprovisto de utilidad. Nadie es un libro en blanco que se debe empezar a completar desde cero, un ordenador a reiniciar como si tuviera un virus y debiera ser formateado. Se trabaja con adultos que acumulan experiencias, sensaciones, ideas, propuestas e imaginación, quizás en mayor grado en ocasiones que el del docente que se sitúa delante. Ofrecen un *background* tan diverso que no deja de sorprender. De lo inesperado irrumpen revelaciones que pueden llegar a adquirir dimensiones sorprendentes.

> «Cuando escribo la A pienso en las pirámides de Egipto».
>
> «La H son dos palos y en medio otro para sentarse».
>
> «Aquellas montañas juntas que veo cada mañana a lo lejos al levantarme y que nunca he subido. Eso es mi M».

Abdoulaye apoya el dedo en la espalda de un compañero y traza la ruta que marca la creación de la letra A. Repetirá el mismo proceso hasta completar su nombre. Al finalizar, el colega tratará de adivinar qué palabra ha dibujado en su dorso. Todavía no lo sabe, pero el camino de aprendizaje que acaba de iniciar le podrá llevar a resolver situaciones cotidianas como realizar la compra, leer carteles y rótulos de las tiendas o comprar billetes de transporte. Impedirá si todo sale bien que no le contraten por no saber leer ni escribir, que firme contratos trampa y, fundamentalmente, que caiga sobre su persona un estigma paralizante, el del analfabeto. La alfabetización, explicaba Paulo Freire, desarrolla la conciencia de los estudiantes respecto a sus propios derechos y, por añadido, les proporciona una mirada diferente al mundo real. El pedagogo brasileño se refería a la lingüística, pero la alfabetización se puede hacer extensible a otras muchas categorías en las que todos en mayor o menor medida nos podemos identificar y reconocer con carencias, como pudieran ser la digital o la emocional.

Dignidad, autoestima y pensamiento crítico, conceptos de envergadura que sobrevuelan el aula mientras Abdoulaye pelea por mantener la mina de su lapicero en un trazo estable, primera de las conquistas de la lista que está por cumplir.

II.

El ideal cuando se trata de alfabetizar es la clase individual.

Yo, primera persona del singular, con él o ella, tercera persona del mismo número.

Él y ella en el centro. El yo del formador en una clase de estos rasgos debería pasar a un segundo plano. Abstenerse aquellos con egos inflados y los que caen sin remedio en lo compasivo.

Las clases de alfabetización pueden resultar poco gratificantes si se busca lucimiento o resultados visibles al instante. La UNESCO (Organización de las Naciones Unidas para la Educación, la Ciencia y la Cultura) establece en una década el tiempo necesario para obtener una formación básica en esta materia. La imagen más habitual y adherida a la realidad es la del docente sin formación previa en el área preparando sus propios materiales, adaptándolos a las características de cada estudiante y corriendo de un lado al otro tratando de responder las dudas y de atender necesidades específicas en grupos carentes de cohesión y desnivelados que solo comparten la falta de pericia con el lápiz.

El primer día de clase es fácil reconocer pautas generales entre los asistentes: la inseguridad, la forma de sentarse, la distancia que toman entre ellos a modo de precaución, cómo algunos ya desde el principio tratan de copiar para no quedarse rezagados y el recelo por compartir lo que les han hecho creer que es una vergüenza achacable a su desinterés o ausencia de habilidades. En una misma aula se mezclan nacionalidades, generaciones y estilos de aprendizaje. A veces comparten espacio personas con cierto bagaje educativo y otras con nulo, lo que de inicio causa recelos y desconfianza. Puede provocar un abandono de los componentes de alguna de las partes implicadas o, todo lo contrario, un apoyo mutuo nacido de la adversidad y en la que las diferencias sirven de estímulo para fomentar la unidad del grupo. La sobrepoblación del aula es otro factor que de inicio puede generar contratiempos. La atención debería ser individualizada o atendiendo a pequeños colectivos de características de aprendizaje y perfil más o menos homogéneo. El ideal otra vez queda lejos de la realidad, y los grupos de alfabetización suelen sobrepasar las ratios recomendables, con el agravante del exiguo perfil formativo en la materia de muchos docentes.

Los asistentes quedan enlazados por un alfabeto, un sistema de representación gráfica que les resulta indescifrable. Signos que al principio para muchos no significan nada y a los que hay que dar valor. Puede ser su primer contacto con el sistema de escritura latino por el que se rige el alfabeto del idioma español. Hay estudiantes que llegan a él a través de otros, como el árabe, el cirílico o el chino, y algunos que nunca tuvieron la oportunidad de aproximarse al empleado en su lengua materna. Cada estudiante cuenta con unas necesidades particulares que hacen de este aprendizaje algo muy dinámico y difícil de abarcar, medir y fijar bajo parámetros convencionales. Si en una clase de lengua el reto más que enseñar es sacar al alumno del silencio, en alfabetización más que la búsqueda de contenidos a transmitir se trataría de descubrir cómo hacerlo.

La única certeza es que el camino arranca con un lápiz, una goma, un sacapuntas, papel en blanco y, si se dispone, de moldes de letras. Hay que tocarlas, sentirlas, recorrer su contorno con la yema de los dedos. Símbolos que forman letras, más adelante sílabas, después palabras, aparecen las frases y al final se termina por configurar un texto. El avance es pausado, basado en continuas repeticiones. Una y otra vez el mismo recorrido con la mina, la estabilidad, la rectitud, el actuar siendo consciente de lo que se hace. Partir de los datos personales hasta llegar a situaciones rutinarias en un entorno conocido, ir descubriendo qué quiere decir ese rótulo que se contempla cada día nada más salir de casa, qué significa esa publicidad que aparece al abrir el buzón, descifrar las cantidades asociadas a los productos que hay que en el supermercado. O, sin ir más lejos, mejorar paulatinamente las capacidades lectoescritoras mediante la práctica controlada en base a las habilidades ya adquiridas mucho antes de traspasar la puerta del aula.

Una clase de alfabetización es heterogeneidad y diversidad en la que cada persona requiere de un tratamiento diferente según sus capacidades y se parte bajo el principio de que cada estudiante irradia su propio potencial, intransferible, único. Hoy Abdoulaye se ha enfrascado con las sílabas trabadas y ha salido airoso del trance. AdmiraBLe PRimer TRiunfo, frase que le invito a dejar por escrita en su cuaderno antes de despedirnos hasta el próximo martes.

III.

Ante la carencia actual de un consenso y de un plan oficial que establezca unas bases a seguir, cada profesor plantea los cursos de alfabetización llevado por su experiencia previa en sesiones convencionales, la intuición o esa motivación espontánea que invita a adentrarse en la temática e ir explorando nuevas metodologías a base de lecturas hechas por cuenta propia. Lejos de lo deseable, la falta de un programa y de materiales infalibles conduce muchas veces a la infantilización de este tipo de sesiones, con adultos rellenando cuadernos de caligrafía diseñados para niños en edad escolar. No sería la primera vez que un alumno me manifiesta su contrariedad a trabajar con materiales similares a los que entregan a su hijo en el colegio. La desmotivación que puede provocar tal circunstancia ya es motivo suficiente para evitar caer en esta práctica. Sin embargo, sería una equivocación atrincherarse en una postura inflexible. Ningún método es mejor que otro. Simplemente algunos funcionan y otros no. En el sugerente libro *J'apprends le français*, la periodista y escritora Marie-France Etchegoin cuenta una reveladora anécdota al respecto que le sucedió mientras daba clases como voluntaria en un centro de alojamiento de urgencia para demandantes de asilo en París. Dos estudiantes afganos le pidieron recomendaciones sobre lo que definían como «historias fáciles para leer». Etchegoin recorrió las librerías y bibliotecas de la capital francesa en una búsqueda que resultó infructuosa. Veía léxico demasiado exigente hasta para tratarse de lecturas dirigidas a niños de entre 5 y 7 años. Un día, mientras hacía la compra en un supermercado, se topó por casualidad con la colección de T'Choupi, un bebé pingüino que le horrorizaba cuando era pequeña y que ahora advertía adecuado al nivel lector de sus alumnos. Rechazando sus principios de evitar lecturas infantiles para adultos, compró varios ejemplares y se los ofreció sin ocultar que se trataba de obras destinadas a niños de 2 a 5 años, acompañando la entrega de una disculpa. Las semanas siguientes los dos afganos no se despegaron de esos libros. Se podía comprobar que les habían encantado por el énfasis con el que los habían subrayado y por cómo habían desgastado sus páginas. A veces la respuesta a un embrollo metodológico aparece de la mano del personaje más inesperado.

El orgullo es otro argumento a tener en cuenta en lo que atiene al proceso de alfabetización. Las deficiencias lectoescritoras siguen siendo un estigma social que ruboriza a un porcentaje significativo de aquellos que se aproximan a estas clases. Moussa, un guineano viejo conocido de diferentes cursos de lengua, se presentó un día con la intención de preparar el examen de la nacionalidad. Durante el proceso de matriculación aseguró poseer un nivel solvente de expresión escrita. Cuando se enfrentó al primer modelo del examen la pose se le cayó a plomo, un derrumbe similar a aquel del que presume de nivel medio de inglés y se ve obligado a demostrarlo en una entrevista de trabajo. Moussa tenía grandes dificultades para leer los enunciados y esa lentitud penaliza en una prueba con margen específico de tiempo. Reconoció al instante sus limitaciones, dejó el curso de preparación, se inscribió en otro de alfabetización y pidió no hacer partícipe al resto de compañeros de clase de lo que consideraba algo deshonroso, aun haciéndole ver que no tenía razones para sentir tal oprobio.

La alfabetización es una cuestión invisibilizada en los medios que apenas se debate y que no se suele abordar bajo políticas oficiales. Aunque la asociación del término con África es casi automática, ningún continente ni país se libran de este fenómeno. Según un reciente estudio del INE (Instituto Nacional de Estadística), son casi 500.000 los residentes en España mayores de 16 años que no saben leer ni escribir. Esta cifra deja fuera a aquellas personas que, aun alfabetizadas, cuentan con manifiestas carencias lectoescritoras, con lo cual la cifra debería ser superior.

Las tasas de analfabetismo son mayores en continentes como África y Asia meridional. Del primero es de donde vienen la mayoría de los estudiantes que han frecuentado estos últimos años las clases de alfabetización en las que he trabajado. Las razones son múltiples, aunque manda la elevada proporción que hay de niños y niñas que no tienen acceso a la educación primaria o que abandonan prematuramente la escuela. Se trata de problemáticas estructurales que se arrastran desde hace décadas o siglos, iniciadas en muchos casos a raíz de procesos colonizadores y perpetuadas posteriormente. En Argelia más de un alumno me recordaba cómo a sus abuelos no se les permitía ir a la escuela. La mayoría de los argelinos no tuvieron el derecho de acceder a la educación durante la ocupación francesa, 132 años, de 1830 a 1962, año de la independencia, en una orden impuesta desde la metrópoli. Más del 85 por ciento de la población nativa en aquel año era analfabeta. El país ha heredado de aquellos época el peso todavía predominante que tiene el francés en diferentes ámbitos como los negocios o la enseñanza superior científica. La identidad cultural y social argelina es compleja y mezcla diferentes dimensiones. En la lingüística aguanta bajo una esquizofrénica diglosia. El árabe moderno estándar es la lengua oficial, aunque no es la materna y principal de la población, que habla árabe argelino. Después está el francés, todavía hoy calificado por muchos como el idioma del invasor, las diferentes lenguas bereberes y hasta el español, vinculado especialmente a la ciudad de Orán, ocupada por la corona de Aragón y Castilla durante casi tres siglos (XVI-XVIII) y más adelante en 1939 principal lugar de destino de los casi 12.000 refugiados españoles de la Guerra Civil que albergó el país norteafricano. El español también suena en los campamentos de refugiados saharauis ubicados al sur, en la provincia de Tinduf, donde se le denomina «la lengua de la cooperación». Así al menos ha sido hasta marzo de 2022, momento en el que el gobierno español ha dado un volantazo en relación a su política en el conflicto entre Marruecos y Sáhara Occidental, descartando el referéndum de autodeterminación y llegando a un acuerdo con los planteamientos ofrecidos desde Rabat. La *hammada*[20] volvió a enmudecer y se sumió en la decep-

20 Tramo rocoso de desierto, propio de la región sahariana.

ción, otra más, quizá peor que el hecho de seguir viviendo en dependencia absoluta de la ayuda humanitaria, sin agua corriente y en medio de las condiciones ambientales más inclementes del planeta.

Los porcentajes más elevados de analfabetismo a nivel general y desglosado por continentes y naciones corresponden a las mujeres. A las circunstancias ya reseñadas se añaden otras como que en muchos países todavía ven dificultado su acceso a la educación. Por eso, una vez dado el paso de emigrar, las clases de alfabetización se llenan de mujeres que buscan recomponer un pasado dañado en lo educativo, que encuentran en esas letras un motivo más para seguir adelante, que quieren ayudar con los deberes a sus hijos e hijas y no asistir impotentes como espectadoras, que quieren ser mejores, no ser minusvaloradas, sentirse más útiles de lo mucho que ya son sin tener verdadera conciencia de ello.

No lo saben, pero en ellas, en su asistencia irregular, en su esfuerzo a veces infructuoso, en esa letra peleada trazo a trazo que a veces cuesta tanto entender, se encuentra el significado de la palabra pundonor.

IV.

La anécdota amplifica el eco del error. No hay sala de profesores que se precie en la que no se haya escuchado en momentos de distensión una recopilación de los tropiezos lingüísticos más sonados extraída entre el alumnado. El error se relaciona con los nervios, el bloqueo, lo negativo, pero también guarda una parte de comicidad que lo lleva a la consideración de gazapo. Hay que asumirlo, en todo caso, como una situación natural y esperable dentro de un proceso de aprendizaje, nada grave si se tiene certeza de lo que pasa y si se está en el camino de poder confrontarlo.

El español, es cierto, no lo pone fácil. Esconde un reverso malévolo, levanta paredes pétreas con las que el alumnado choca una y otra vez sin lograr perforarlas. La sola mención del subjuntivo provoca escalofríos. La excelencia de usarlo y, ante todo, de entender por qué se hace, se reserva al alcance de unos pocos. Hay quien hace esa cumbre recurriendo a la automatización y memorización de fórmulas explicadas en clase o leídas en un manual, lo que le resta valor a la hazaña.

Los cómplices del error son tantos como variados. El dolor de lengua que me producía el afrontar la pronunciación en francés de determinadas vocales nasales se hermana con el sufrimiento que para muchos, especialmente arabófonos monolingües, supone el diferenciar en español la P de la B o la I de la E. La distinción entre el peso de un individuo y el piso que se aspira a alquilar puede ser motivo de discordia. En boca de hablantes de francés, la doble RR se retuerce hasta tocar la glotis y producir un sonido característico y lejano al deseado. Que el sonido de la B y la V sea el mismo desquiciará a más de uno.

Diferenciar entre el Por y el Para ya es entrar en terreno de expertos que han conseguido superar esa eliminatoria previa en campo contrario que es el enigma del Ser y el Estar. «¿Por qué dos verbos cuando en mi lengua solo hay uno para referirse a lo mismo?». El interrogante se repite en aquellos que encaran, y hay que hacerlo muy pronto, uno de los grandes misterios de la lengua española. Puede parecer demasiado grandilocuente la afirmación, pero solo hay que verificar la distancia entre un 'mi madre es buena' a un 'mi madre está buena', confusión escuchada en más de una ocasión. Compiten el Ser y el Estar con el verbo Gustar, un auténtico rompecabezas en los primeros compases de la enseñanza del idioma. Pesadillas que revolotean incansables por el aula.

De los pasados hay hasta monográficos que dividen a expertos. Las dudas se inician desde una cuestión tan simple sobre en qué orden enseñar los diferentes tiempos verbales que lo componen. Al presente le encanta el riesgo. Muestra una cara inofensiva para en cuestión de segundos sacar los dientes en forma de irregularidades vocálicas interminables. El futuro y sus diferentes variables parecen construidos para confundir todavía más, generadores de agujeros temporales a la hora de expresar esas conquistas que están por llegar. El imperativo se abre paso con brusquedad, motor de malentendidos culturales. Opera directo a la yugular, tanto tuteo y qué poco usted, así somos. Hasta en las conversaciones de mayor formalidad termina abriéndose paso con descaro, para sorpresa iniciática de muchos.

Diptongos, triptongos y hiatos no hacen más que enredar el asunto, como ese extraño sombrero que se le coloca encima a la N o esos dos puntos que aparecen de vez en cuando sobre la U. La tilde gráfica viene seguida del carraspeo sobre dónde hay que ponerla y acompañada del descubrimiento de ese término tan melódico y que tanto gusta que es esdrújula. Pero no solo son sintaxis, fonética, gramática o léxico los que complican el tema, que luego irrumpe desde el escondite la pragmática y dicta el cómo organizar un discurso y cuándo exponerlo.

Tantas trampas, embrollos, maquinaciones pérfidas, cebos y emboscadas, y a pesar de esto, a pesar de todo, a pesar de que el Gobierno solo apruebe el cinco por ciento de las solicitudes de asilo presentadas, a pesar de que esas ganas de aprender la lengua de país choquen con el cada vez mayor número de gente que vota a partidos antiinmigración que difunden postulados racistas, a pesar de que el español que empieza a brotar pueda llegar a competir y desgastar al idioma materno, a pesar del cansancio, del hastío, del desánimo, a pesar de esos días, tan numerosos, en los que preferirían estar haciendo cualquier otra cosa que estar aquí sentadas, ahí siguen. Sin rendirse.

V.

La utopía de la fácil comunicación que tienen muchas personas migrantes que piensan que la adquisición de la lengua se producirá con celeridad se extiende a los que asisten al proceso como espectadores. Leyendas de jóvenes que aprendieron español con seriales costumbristas como *Médico de familia* o *Aquí no hay quién viva* –en otras latitudes se refieren a telenovelas– y que incluyen en su discurso latiguillos extraídos de sus personajes más carismáticos. Futbolistas y entrenadores de la antigua Yugoslavia que aparecían en una rueda de prensa al día siguiente de fichar por un club de la liga mostrando un español impoluto. El mismo cine, con personajes recién llegados de lejanos confines y sin ningún vínculo previo con países hispanohablantes manejándose con soltura con el idioma, muchas veces caracterizados por actores de nacionalidad española de acento forzado, con lo que en producción tienen menos dolores de cabeza.

Pudiera haber algún caso que se aproximara a la adquisición casi espontánea de la lengua, no hay razón para ponerlo en duda, aunque estaríamos ante una singularidad. La quimera se deshinchará rápidamente, cuando la persona migrante compruebe que no puede satisfacer de forma autónoma sus necesidades en los trances de inicio. Aquí conviene dar un merecido reconocimiento a la labor, tan poco valorada tantas veces, de los traductores. En ellos se sostienen los primeros pasos, y en ocasiones muchos más, de los más vulnerables. La importancia de su trabajo alcanza su mayor relevancia durante la entrevista de asilo, donde se encargan de dar vida en otro idioma a un relato, a veces demasiado cruel, en todos los casos teñido por la amargura, que no debe presentar ninguna arista, sin margen para el titubeo. Son esas horas en las que estas personas se juegan todo en el intento de demostrar que en su país de origen su vida estaba en peligro, que la verdad que defienden es real. Y en ese momento, en el que poco o nada importa el nivel de lengua, el acento o la asistencia a clase, al lado de los funcionarios, en muchas ocasiones, están esos traductores de los que tanto y tan trascendente depende.

El asunto del nivel de español alcanzado por ese otro entronca con el de la dicción y el acento. Había espectadores y otros periodistas del gremio que criticaban a Michael Robinson, aquel añorado comentarista británico de fútbol de Canal+, por hablar un español errático cuando en realidad, pese a alguna falla en el uso del subjuntivo, inexistente en su inglés materno, dominaba tanto el registro popular como el culto. Su acento típicamente *british* le daba un plus de cercanía, de naturalidad. No siempre sucede así. A diferencia de España, en Francia esta cuestión del acento y la dicción ha adquirido ya la relevancia de polémica nacional, un tema sujeto a debate entre expertos. El término académico que se usa para designarlo es glotofobia. Refiere a la discriminación lingüística que se sufre en razón del acento, la desconfianza a todo aquello que se escucha y no es dominante. Pasa por cada vez más habitual el advertir a personas disfrazando su acento de origen, modificándolo por otro que considere podría causarle menos perjuicio, especialmente en el ámbito profesional. Los motivos que llevan a esta conducta pueden ser diversos. El miedo al rechazo es uno de los factores principales. En Francia, por ejemplo, se empezó a llevar un registro de empresas que habían rechazado contratar a aquellos que contaban con un acento diferente al que consideraban normativo, el estándar parisino.

Si la glotofobia la sufren franceses de regiones diferentes a París —valga el paralelismo con lo que pasaría en España entre la zona centro y las que orbitan alrededor—, no hay que exigir demasiado a la imaginación para verificar que ese repudio manifiesto se redobla en el caso de aquellos cuyo idioma materno no es el del país. Ahí radica en buena parte el origen del bloqueo psicológico que se produce en determinadas situaciones en las que hablantes de un nuevo idioma se esfuerzan por poner en práctica sus recién adquiridas habilidades comunicativas. Yo mismo experimenté durante mi experiencia en un colegio público de París este pavor, fuera infundado o real, cada vez que me tocaba intervenir en consejos de clase delante del claustro docente, comité directivo, representantes de padres, sindicatos y delegados de clase. El colapso era instantáneo, pese a las horas dedicadas al estudio del francés y llevar tiempo en un contexto de inmersión. Imaginaba a las personas que tenía a mi alrededor analizando mis labios y cruzándose miradas de reprobación mientras acumulaba errores gramaticales, léxicos y de pronunciación y se reían de los escorzos de mi acento en busca de su visto bueno. La faceta escrita no escapaba a esta inseguridad. Rellenar el boletín de notas era un proceso minucioso, un combate letra a letra en el que cualquier error que se deslizara consideraba que pondría en duda mi capacidad profesional. El tiempo invertido en esta tarea triplicaba al que hubiera empleado en el caso de haberlo hecho en mi idioma y, aun así, siempre se colaban algunos deslices ortográficos.

Sea un alumno que entra a una clase para después desaparecer, sea otro de esos que perduran y se quedan estirando al máximo la opción que se le brinda, sea cual sea el acento y la dicción que demuestren, las puertas del aula siempre estarán abiertas en el festival interminable de bienvenidas y despedidas que caracteriza a este trabajo.

VI.

Cuando el lingüista estadounidense Greg Roberts dijo en una conferencia impartida en el estado de Utah que el monolingüismo era el analfabetismo del siglo XXI, ninguno de los asistentes hubiera podido vaticinar la repercusión que iba a alcanzar la sentencia. Pronto se convertiría en una cita relevante situada en la primera fila de los buscadores de la red. Aludía Roberts, en medio de una argumentación proclive a la polémica, a lo fundamental que resulta dominar una segunda lengua por asuntos económicos, por lo que de cierta forma la equiparaba a una herramienta de trabajo. Desconcierta por este motivo que, en una sociedad como la española, con tanta gente instalada en este monolingüismo que citaba Robert –el último estudio de Eurostat de 2019 reflejaba que un 45% de españoles entre 25 y 64 años no conoce ninguna lengua extranjera–, se desdeñe o minimice el bagaje idiomático de los recién llegados en situación de vulnerabilidad.

Vivimos en una sociedad que premia el papeleo, castiga con su ausencia y desprecia aquellos diplomas que se esfuerza en no querer asumir, refiriéndonos al lentísimo sistema de homologación de títulos universitarios del Ministerio de Educación y Formación Profesional, con esperas que acumulan años y desesperación y tanto lastiman al recién llegado. Otro ejemplo claro a este respecto viene en el tema de la acreditación de nivel lingüístico, más relacionada con el pago de una cuota económica en forma de examen que con una capacidad comunicativa real. Buena parte de las personas migrantes que llegan a España sin ser hispanohablantes de origen maneja varios idiomas con fluidez, aunque carezcan de un documento que lo certifique. Capaces de funcionar en una conversación intercambiando hasta tres lenguas, como el caso de Meriem, que alternaba francés, cabil y árabe en virtud del interlocutor con el que interaccionaba. Meriem llegó del sur de Marruecos y rápidamente se ganó el afecto tanto de docentes como de resto de colegas, adquiriendo por su facilidad para el aprendizaje y de forma natural nuevos galones, el rol de asistente del profesor. Traducía a alumnos arabófonos cuando había problemas de comprensión que parecían irresolubles y arreglaba cualquier atisbo de desavenencias que pudieran surgir. A cuentagotas fue desvelando la biografía que dejó atrás. Enfrentada a un matrimonio concertado, dejó la escuela con catorce años y se quedó dentro de las convenciones de una rígida tradición familiar. Ya en España, a pesar de que esquivaba con habilidad las actividades que sacaban a relucir cuestiones personales, se podía ver que afrontaba con optimismo las nuevas posibilidades que se le ofrecían por delante, como esas destrezas lingüísticas en las que hasta entonces no había reparado.

A veces se olvida que estas personas disponen, como mínimo, de una identidad lingüística –tres en el caso de Meriem–, la proporcionada por la lengua materna. No son papeles vacíos ni hojas en blanco. El reto pasa por ir esculpiendo una nueva perspectiva ya relacionada con la lengua del país de acogida y adaptable a las anteriores, complementaria.

Los profesores, ellos, nosotros, yo, debemos jugar un papel mediador, nexo entre una cultura, la suya, la del resto de asistentes al curso y la nuestra. Reconozco haber cometido equivocaciones en ese sentido, haberme creído en otro nivel por el hecho de tener la palabra y el discurso en el aula, de imponer en alguna ocasión un punto de vista etnocéntrico, de verme superado, en otro plano, ante complicaciones inesperadas, de hundirme ante valoraciones ajenas críticas, de centrarme en pequeños quehaceres personales intrascendentes antes que en esa siguiente clase o en perfilar ese detalle de tal actividad que pudiera conducir a una leve mejora y al despertar de una motivación arrinconada. A pesar de tantos defectos insistentes y de que la capacidad de autocrítica y de autoevaluarnos se estanque con más frecuencia de lo debido, no se puede culpabilizar al profesorado, y mucho menos al alumnado, de no conseguir los objetivos marcados por un sistema institucional tan hostil para la persona vulnerable como inestable para el profesional de la docencia, obligado a dar lo mejor de sí mismo aun con la amenaza siempre presente de la retirada o disminución de la partida presupuestaria en su área para el proyecto en el que trabaja y del que forma parte.

Quizá haya llegado el momento de dar un giro a esta política lingüística timorata, desordenada y sujeta a vaivenes continuos y que por fin se note que quienes la diseñen y afronten sean gente de otro perfil y que hayan gastado suela y horas en aulas con estudiantes como Abdoulaye, Meriem o Moussa.

VII.

Una clase de esta tipología es un desfile de idiomas, sonidos y expresiones de las que antes no había tenido noticia. Estar en contacto ante tal diversidad hizo que cuando arrancara esta experiencia mi memoria lingüística se reactivara. Desde los tres a los trece años viví en Catalunya, una década donde aprendí catalán fruto de la inmersión lingüística, proyecto que se instauró en 1983 y hoy tan controvertido. Me movía con comodidad entre las dos lenguas, tanto en el colegio como fuera, sin que supusiera ningún problema. En casa seguíamos hablando castellano, así lo denominábamos, y alternaba ambos idiomas con amigos del barrio y en el pupitre. Cuando en plena adolescencia y por motivos familiares nos trasladamos a Guadalajara, 53 kilómetros al este de Madrid, olvidé guardar el catalán en el equipaje. Lo dejé de lado e, incluso, ahora se puede asumir, me llegué a sentir mal por haberlo aprendido. Concluí que tenía que eliminarlo para empezar a sentirme parte de otro grupo.

Nada más llegar al nuevo colegio algunos me colgaron la etiqueta de catalán, en claro tono peyorativo, y en alguna ocasión uno de esos matones verbales que proliferan por los pasillos me obligó, puño mediante, a hablar en ese idioma para la mofa general. El catalán pasó así a formar parte de un pasado a borrar, un idioma que me avergonzaba al situarme como objetivo de burlas. Lo guardé para mí con la intención de evitar males mayores y no lo recuperé hasta muchos años después, cuando empecé a dar mis primeros pasos en este oficio y percibí como un tesoro ese legado que dejaron los años de estancia en otro lugar. Volví a hacerlo mío. Comprobé que las palabras y las reglas seguían intactas en el interior. Respetaron el injusto silencio, el maltrato y el ninguneo al que las sometí, esa indiferencia que me impedía disfrutar de la fortuna que constituye disponer de una lengua más en el repertorio comunicativo. Desde entonces valoro, respeto y refuerzo el conocimiento que de tantos idiomas y tan dispares, no importa el número de hablantes que tengan, disponen muchos de los que asisten a nuestras clases.

Lenguas como el amazigh, árabe, farsi, bantú, bengalí, georgiano, soninke, kabil, chouia, wolof, armenio, dari, darija, ucraniano, punjabi, mandarín, tagalo, ruso, bambara, lingala, igbo, fang, mandinka, diola, y tantas otras se dan cita a diario en aulas como estas y similares. Melodías para conservar e imprescindibles todas ellas para acompañar en esta aventura a lo desconocido que es para muchos el aprendizaje de español.

Finaliza el curso y tras tantos meses juntos, ellos han aprendido los conceptos generales de mi lengua y yo, por el contrario, sigo sin saber nada o casi nada de las suyas. Y, sin embargo, nos hablamos e incluso, algunas veces, nos comprendemos.

VIII.

Hoy toca abordar el cuerpo humano. Dos imágenes pegadas a la pizarra o un dibujo, si se cuenta con el talento suficiente. Él y ella. Se ofrece al alumnado unas cartulinas en las que hay escritas las partes que componen la anatomía corporal. Deben discutir en pareja donde colocarlas, levantarse y colgarlas en el lugar correcto. Las variantes en cuanto a actividad de presentación del vocabulario del cuerpo son ilimitadas. Les gusta especialmente jugar al Memory, se sitúan en círculo y de uno en uno mencionan una parte mientras la tocan. El siguiente debe repetir las anteriores y añadir una nueva, con lo que la dificultad va aumentando progresivamente.

Se descarta el hacer referencia a las zonas más íntimas, más por pertinencia que por pudor, aunque la curiosidad de algunos les lleve con el cuaderno de léxico en mano a interrogar sobre su denominación. Esta tipología de alumno no busca la chanza, al contrario, ese afán minucioso por apoderarse de cuantos más términos responde más a una urgencia por seguir descubriendo y acumulando, aunque sea un vocabulario al que luego apenas le den salida.

Las partes pudendas del cuerpo humano cuentan con una carga emocional elevada, al igual que las palabras malsonantes o aquellas expresiones que se califican como vulgares, con las que normalmente entablan una relación fluida. Diferentes estudios han demostrado que este tipo de términos son más fáciles de pronunciar en una segunda lengua que en la materna, puesto que en ese traslado a un idioma secundario se pierden los vínculos íntimos que los relacionan con la educación y la infancia, con el pasado y los recuerdos. Lo mismo sucede a la hora de mentir. Faltar a la verdad resulta más sencillo en otro idioma, aunque lo domines. Formulaciones que, de todas formas, no diferencian entre aquellos que han hecho de la mentira y la exageración un hábito para el que no necesitan más que moverse en el monolingüismo.

Sube al estrado la mentira, como la que vomitan los bulos, como las que a diario machacan al colectivo migrante en redes sociales. Muchas de ellas solo desaparecen cuando el daño ya está hecho y no hay reparación en forma de rectificación o disculpas. Datos falseados sobre subvenciones, ayudas e incentivos para los recién llegados, imágenes que no corresponden ni en lugar ni en tiempo a lo que argumentan, información modificada para mutar en lo deseado, el odio irracional al que consideran diferente, que no es de los suyos, al que viene a despojarles de lo que creen que les pertenece. Personas que presumen de interculturalidad y que a la mínima y sin darse cuenta exponen sus prejuicios, incluso trabajando en lo social. La ignorancia no exime de responsabilidad ante la gravedad de muchas de esas falsedades o aseveraciones xenófobas o racistas. «Para muchos no sois futuros ciudadanos, sino extranjeros enemigos», auguró Hannah Arendt.

Los embustes que campan por las redes y la realidad son enfrentados todavía por la indiferencia, el mutismo y el activismo del meme. Es especialmente interesante este último concepto y solo hay que hacer la prueba chequeando las redes sociales y comprobar cómo para confrontar al bulo se derrocha una conciencia social que se desvanece al salir de la esfera virtual y uno se pregunta por dónde andará. El compromiso líquido es mucho más cómodo que una implicación que puede provocar malentendidos y enfrentamientos con gente cercana o en el terreno laboral. El paternalismo compasivo tampoco ayuda, al contrario.

Volvamos a los cuerpos, en este caso a los de ellas. Son los que más sufren, de cabeza a los pies, por dentro y por fuera. Madres que dejaron a sus hijos en su país de origen, un pedazo de ellas mismas y que a diario se enfrentan a sí mismas por haber tomado tal decisión. Mujeres que escaparon de matrimonios de conveniencia a los que se veían forzadas por la familia y la tradición. Jóvenes que solo veían en el horizonte un futuro ya escrito lleno de ataduras y obligaciones. Cuerpos privados de libertad de elección inmersos en una huida que no toca a su fin ni cuando se llega al destino, simplemente comienzan nuevas batallas. Siguen siendo minoría en el aula, sobre todo en los programas de Atención Humanitaria, aunque cada vez más presentes en los de Asilo. Cuanto más duro ha sido el camino hasta al punto de destino, cuanto más en soledad se vivió, más se evidencia en ellas ese dolor tan difícil de compartir por las experiencias por las que debieron pasar. Aun así, se las ingenian para sacar fuerzas, coger ese bolígrafo con aplomo y reproducir ese cuerpo humano que ven dibujado en la pizarra que tienen delante y sobre el que anotan en el nuevo idioma que empieza a florecer la denominación de cada una de sus partes.

IX.

Recuerdo cómo ubicaba su cuerpo en la silla de clase, en una postura que no presagiaba inclinación al estudio. Venía con una gorra que le pedía dejar de lado, a lo que accedía sin rechistar, no como otros. La mirada vacía y alicaída, al igual que muchos a los que se han llamado migrantes económicos, de entre todos, aquellos cuya situación jurídica es más precaria. Vestía la misma ropa cada día, hasta el más distraído en ese tipo de detalles podría haber reparado en ello. Los gestos permanecen inalterables en la memoria, pero no las palabras. Olvidé su nombre y apellido, pero no el apelativo por el que conocía a aquel joven espigado y taciturno originario de Guinea Conakry. Era lo único que, al escucharlo, le hacía reproducir algo similar a una sonrisa.

Le llamaba 'No pasa nada'.

Cuánta información en tres palabras que aquel estudiante de breve paso por el aula repetía imperturbable a modo de mantra, de oración, de fiel credo a seguir escrupulosamente. Una expresión que es de las primeras que se enseña y se aprende, un concepto multiservicio que utilizaba de escudo ante lo que le rodeaba, en cuyo significado se sentía cómodo y protegido, un antídoto frente al veneno de la desesperanza, una forma de consolación cuando solo hay malas noticias o, simplemente, no hay.

Puede que la mejor respuesta posible a tanta sinrazón.

No pasa nada.

En esa elección hay una firme declaración de principios, una negación a la rendición, que no se va a claudicar, que se va a seguir adelante pese a todo.

No pasa nada.

Esta semana no hay clase porque el profesor está enfermo, el médico le ha dado la baja, y no hemos podido encontrar sustituto.

No pasa nada

El tren ha tenido una avería y para volver a casa hay que ir a la estación de autobús. Está a unos tres kilómetros de aquí.

No pasa nada.

Ese señor al que has sonreído porque te ha dicho algo que no has podido entender te ha insultado, te ha dicho que vuelvas a tu país, al que ha llamado África. Vete de aquí, sobras.

No pasa nada.

No vas a tener permiso de residencia hasta dentro de tres años, eso si no se te deporta antes. Y tras esos tres años, tampoco tengas demasiadas esperanzas en que puedas regularizar tu situación.

No pasa nada.

No hablas español. No sabes escribir. No te adaptas. No hay trabajo para gente como tú, sin cualificación, sin un currículum presentable, solo hay que ver cómo está la mesa llena de demandantes mejor preparados. Espera unos meses y ve al sur a ver si te sale algo en la campaña agrícola, pero no te hagas demasiadas ilusiones y ni se te ocurra preguntar por un contrato. Mira en esa granja, vete a aquel campo, allí hay una fábrica y a lo mejor te cogen, allí son todos extranjeros, como tú.

No pasa nada.

Uno de los últimos días en los que vi a 'No pasa nada' andaba más preocupado que de costumbre. No conseguía encontrar trabajo cuando otros compañeros en similar situación sí habían podido realizar alguna tarea mínimamente compensada con dinero, sin que a nadie parezca importarle las condiciones en las que las desarrollaban.

No pasa nada, me contestó, esbozando una leve sonrisa. No tengo papeles, pero me quedan mis manos, zanjó.

Y yo, para mis adentros, añadí: Y tu admirable voluntad, tu tesón, tu resistencia, tu ejemplo.

X.

La clase de hoy se inaugura con una competición. Por parejas deben escribir en un tiempo de dos minutos el mayor número de palabras que empiecen por una letra del alfabeto. Para elegirla se colocan todas previamente recortadas dentro de una bolsa y alguien extrae una.

Toca la D. El reloj se pone en marcha. Transcurridos los 120 segundos, escribimos las respuestas en la pizarra.

D de Dolor: Cada uno lo asume a su manera, sin reglas, sin lecturas preconcebidas. Algunos lo arrinconan y tratan de olvidarlo, aunque ahí sigue. Otros lo exponen y visibilizan de diferentes formas, ya sea a través de la queja, la crítica, la aspereza en el trato hacia los demás, la desconfianza, la rabia de seguir en pie o como impulso para tratar de dar una voltereta a la situación. En lo que suele haber coincidencia es que no se usa para caer en el victimismo.

D de Dios: Tan básico para tantos, tan poco trascendente en el aula. La religión apenas hace acto de presencia en la relación con los estudiantes, contrariamente a lo que se pueda transmitir en foros que cuestionan la interculturalidad y este aspecto en concreto. Su grado de influencia directa en el temario y el desarrollo de las lecciones es imperceptible, si bien es cierto que la llegada de determinadas festividades, como el Ramadán, coinciden con un descenso en la asistencia y rendimiento de aquellas que lo realizan. En Argelia también sucedía, con clases con un ritmo paquidérmico y pausas más prolongadas. Y por supuesto, nadie ha usado el aula, al menos las conocidas, como sala de rezo o de atril para exponer la perfección y bondades de su religión o ideología. Nadie nunca me cuestionó por mis creencias o las de las personas que me rodean. Imagino el ruido externo revoloteando sobre aquellas otras que se ven juzgadas, incluso con paternalismo, sobre la religión y las costumbres que profesan, interpeladas constantemente por ello, reducidas a formar parte de un colectivo sobre el que acechan los peores estereotipos.

D de Denegación: El temor que sobrevuela cada día al demandante de asilo, el que no se quita de la cabeza, la pesada cadena que se aferra al pie mientras se aguarda que a quien le toque dé una respuesta. España es líder europeo en negativo en concesiones. De las casi 70.000 registradas en 2021 resultaron favorables un 10,5 por ciento, cuando la media europea alcanza el 35 por ciento. Cierta prensa aviva los miedos sacando de vez en cuando noticias sobre refuerzos inminentes de funcionarios en la Oficina de Asilo que agilizarán las resoluciones y, por lo tanto, las expulsiones.

D de Dublín: La capital de Irlanda simboliza la sinrazón en virtud a un convenio que se firmó allí en 1990 y que entró en vigencia siete años después. Ser un Dublín provoca temblores, que el miedo se enquiste en el cuerpo, que el futuro esté suspendido, que ni dónde te encuentras ni a dónde debes volver serás bien recibido. Dublín establece que el primer país que pisa la persona en territorio europeo debe ser aquel que tramite su expediente, lo que colisiona con los deseos de muchos. Es otra de esas reglas que divide, que mercantiliza a los que la sufren, ideada por esos encorbatados barrigones que se pasan la vida saltando de un avión a otro. Al ser un país fronterizo de la UE, España es un lugar de vuelta, donde hacen regresar en base a este convenio a muchos que tenían como destino Francia o Alemania, donde tienen vínculos personales.

D de Derechos Humanos: Tres de los treinta, para quien no quiera pisotearlos, ignorarlos o vulnerarlos, aunque sea de forma inconsciente:

Artículo 1: Derecho a la Igualdad. Todos los seres humanos nacen libres e iguales en dignidad y derechos.

Artículo 2: Toda persona tiene todos los derechos y libertades proclamados en esta Declaración, sin distinción alguna de raza, color, sexo, idioma, religión, opinión política o de cualquier otra índole, origen nacional o social, posición económica, nacimiento o cualquier otra condición.

Artículo 13: Derecho a la libertad de movimiento. Toda persona tiene derecho a circular libremente y a elegir su residencia en el territorio de un estado; tiene derecho a salir de cualquier país, incluso del propio, y a regresar a su país.

D de DELE: La nacionalidad y el examen ya reseñado, el fin de un camino que no se sabe cuándo terminará. La utopía, un plan excesivo dada la coyuntura. Un «Yo quiero ser cómo tú, ¿por qué no?» ante el que es mejor no responder.

D de Discriminación: Como la que sufrió Marcin, como la que vivió Tatyana, como la de Ihor. A este último la violencia le golpeó con inusitada crudeza. Un día mostró un vídeo de unos dos minutos de duración en el que unos individuos le daban una paliza por su condición sexual. Alguien lo grabó y durante unos días pululó por las redes. De esa discriminación brota el miedo, el pavor que recorre tantas historias vitales rotas y sentimientos reprimidos hasta llegar a la negación de uno mismo.

D de Desaparición: Un recuerdo para aquellos deseos que se evaporaron, por todo lo conquistado que se quedó atrás, inservible, o no tanto, y por tantos que alguna vez integraron la clase, fueron importantes en mi día a día, y se marcharon para no volver a saber nunca más de ellos.

D de Depresión, de Debilidad, de Desesperación, de Difícil, de Daño, de Deportación, de Derrota, de Duelo.

Pero también D de Desear, de Determinación, de Dignidad, de Don y, sobre todo, D de diálogo.

5. EL SISTEMA

Francia se proclamó por primera vez campeona del mundo en 1998. Goleó a Brasil en la final liderada por Zinedine Zidane, marsellés de origen argelino. Sus padres llegaron a Francia desde la Cabilia. En semifinales la clave fue Lilian Thuram, nacido en Guadalupe, una región de ultramar en el Caribe y zona vapuleada con estrépito por la pandemia y sus secuelas, allá, a miles de kilómetros de París. La consecución del campeonato desató las mayores manifestaciones de alegría que todavía se recuerdan en el país, con las del segundo Mundial, el de 2018, a mucha distancia. Los medios ensalzaron la unión de aquella plantilla "multiétnica" en la que, recalcaban, había jugadores de diferente procedencia, estatus social y religión. Acuñaron el concepto de *Black-Blanc-Beur* (negro-blanco-árabe) e involuntariamente abrieron un debate en una sociedad estructurada sobre las secuelas del colonialismo.

Muchas personas tomaron entonces conciencia de la diversidad del país, de las minorías no visibles de las que hablaba el escritor Joachim Barbier. En aquella final, además de Thuram y Zidane, jugaron el vasco-francés Bixente Lizarazu, el defensa nacido en Ghana Marcel Dessailly, Youri Djorkaeff, hijo de armenios, Patrick Vieira, de Senegal con ascendencia caboverdiana y Christian Karembeu, llegado desde Nueva Caledonia. En el banquillo permanecieron Robert Pires, descendiente de portugueses, Thierry Henry, de padres antillanos, Bernard Lama, de Guyana, y David Trezeguet, de padres argentinos. Por fin un acontecimiento que representaba diferentes perfiles de la sociedad francesa, se leía en los titulares. Lo vendieron como un triunfo que superó lo deportivo para reforzar lo político y unir en lo social. Duró poco, un simple espejismo hecho añicos cuando en el siguiente Mundial el equipo se desplomó, obtuvo el peor resultado de un campeón que defendía título y salió a la luz pública la división interna que había en la plantilla. En ese mismo 2002, solo cuatro años después, un candidato de un partido de extrema derecha, Jean-Marie Le Pen, accedería por primera vez a la segunda vuelta de las elecciones presidenciales. Entre los principales puntos de su programa se recogía la expulsión inmediata de todos los inmigrantes sin permiso de residencia.

Quedaba al menos el estadio Saint Denis como epicentro y emblema de aquel maravilloso pasado. En los aledaños del simbólico escenario, un tótem venerado para la sociedad francesa y donde sigue jugando la selección de fútbol y la de rugby, se produjo en 2020, en plena pandemia, otro hecho más representativo y ajustado a parámetros de conducta más realistas que aquellos que se publicitaron en 1998. La Gendarmería desmanteló con celeridad varios campamentos de refugiados que se habían formado en la explanada que rodea al estadio. Gente procedente de países como Somalia, Afganistán o Sudán del Sur llevaba meses acampada allí a la espera de solucionar sus solicitudes de asilo y con la esperanza de poder obtener en algún momento un alojamiento durante el tratamiento de su demanda. La Policía llegó por la noche y metió en autobuses de destino incierto a centenares de personas. Actuó, después se verificó oficialmente, con alevosía y nocturnidad. Semanas más tarde, algunas de ellas, la mayoría afganas que fueron expulsadas de un lugar al aire libre y con el frío cemento como único testigo, ocuparon la Plaza de la República, en un acto promovido por diferentes organismos no gubernamentales y que buscaba un impacto mediático acerca de su situación bajo la consigna de «dar visibilidad a aquellos que tratan de apartar». Las consecuencias fueron inmediatas y fueron desalojadas dejando imágenes de gran violencia por parte policial, que usó una fuerza excesiva y llegó a recurrir a gases lacrimógenos y granadas aturdidoras. Testigos indicaron que no hubo ningún acercamiento previo ni intento de diálogo. La repercusión fue tal que el ministro de Interior, Gérald Darmanin, apuntó a que se abriría una investigación de la que después ya no se supo. La Francia del gol de Zidane también era esto.

Les decimos que no vengan, que vuelvan por donde han venido, que no hay espacio para ellos, ni siquiera en las plazas o en las aceras y menos aún en los aledaños del estadio del triunfo. Les gritamos que aquí no hay trabajo, que qué hay de lo nuestro, que no cabemos todos, que primero los de casa, aunque no sepamos muy bien quiénes sean esos nuestros. Les etiquetamos dentro de una masa amorfa en la que solo se distinguen estatus legal, religiones, nacionalidades y edades. Les asignamos un valor económico por encima del humano en un condescendiente intento de defenderles, la tan manida obra de mano necesaria, el pago de nuestras pensiones, trabaja y ya veremos cuándo libras, encima que te damos trabajo, de qué te quejas. Escribimos tuits de solidaridad mientras esperamos a que el repartidor nos traiga el último capricho hasta nuestra puerta y vamos saltando de plataforma de pago pasando las horas sin terminar de decidir qué ver. Bromeamos con su precariedad, la caridad vertical, la que reconforta y no salpica. Reaccionamos para evitar sentirnos culpables. Obstaculizamos a base de indiferencia que se respeten con ellos los derechos humanos en los que nos reafirmamos con la presuntuosidad de pertenecer a la sociedad occidental. Dificultamos a través de todo tipo de trabas el acceso a necesidades básicas como la lengua, el trabajo, la casa.

Buscando vivienda, un propietario me preguntó dónde trabajaba. Cuando escuchó el término ONG se puso en guardia y la cordialidad en la que estaba transcurriendo la conversación mutó bruscamente en sospecha. Las alarmas se activaron cuando supo el colectivo con el que trabajaba. Le entraron dudas sobre a quién iba a alquilar su casa y a cuántos y a quiénes iba a meter en ese piso, dando prácticamente por hecho este último supuesto. Solo por la profesión presumía que su vivienda podría convertirse en lo que despectivamente ha venido a llamarse piso-patera, otra de esas malformaciones del lenguaje. No es necesario advertir quién fue finalmente el que se negó a habitar esa vivienda. Yo me lo podía permitir, otros no.

En otra ocasión en un vuelo de vuelta a la Península desde el archipiélago canario me tocó uno de esos compañeros de asiento ansiosos por coger una conversación. Si respondes a la primera pregunta ya estás atrapado para el resto del viaje, la huida es inviable incluso recurriendo al truco del sueño. Empezó a relatar las angustias que le atenazaban, empezando por una hija que vivía en Estados Unidos y a la que apenas veía y terminando por un negocio de hostelería que cotizaba a la baja. Cada vez vienen menos turistas y más de los otros, me soltó.

Los otros.

Nuevamente se referían a vosotros, estudiantes de español, tan impuntuales, tan sorprendentes, tan cercanos, tan distantes, tan admirables, tan complejos, tan desconcertantes. Moussa, que huye de una guerra tribal sin sentido, Sisoko, que no puede amar libremente en su país y que fue golpeado con un cinturón en la plaza de su pueblo sin que nadie se interpusiera, Amir, que nada cuenta y del que nada se sabe, Tatiana, perseguida por sus ideas religiosas, Noor, que tanto lloraste cuando te denegaron el asilo, Charles, que inventabas excusas insólitas para no venir a clase, en constante refriega con profesor y técnicos de apoyo.

Los otros tenéis nombre y apellido, virtudes y defectos, pasado, presente y futuro.

No quiero volver a ese yo del pasado, con el silencio como respuesta, pasivo ante comentarios hirientes y actitudes que producen rechazo. Como profesor tampoco quiero ser visto como difusor de una hegemonía lingüística, cultural y social, el centro sobre el que orbite la clase, el que presuma de una educación intercultural en realidad inexistente. Nadie que contribuya, aunque sea mínimamente, a aumentar el grosor de ese neocolonialismo que no solo es económico o político, se estira hasta lo social y también repercute en la lengua. «Hamid Karzai está bien educado y habla inglés», decía la prensa estadounidense cuando su país eligió en 2002 al político pastún como presidente de Afganistán. La operación se repitió con su sucesor, Ashraf Ghani. A su nivel de inglés le incorporaron un «con fluidez». La lengua como signo de estatus y de civilización. El pashtun y el dari, esas cosas de bárbaros.

Solo queda hacer un esfuerzo por superar prejuicios y miedos, aunque solo sea por vosotros, por gente como Souad y Sisoko, que un día os acercasteis a la mesa a la finalización de la clase y me dijisteis que el mejor momento de cada día lo teníais cuando acudíais a clase de español. Porque os han llamado delante de mí y de forma despectiva con adjetivos que mejor no dejar por escrito, habéis sentido el peso de la mirada reprobadora al entrar a un comercio, se han cambiado de acera para no cruzarse con vosotros, os han respondido inadecuadamente sin motivo de por medio. Y cuando delante de mí os han llamado 'los otros' he callado, aunque sé que a vosotros esto de la terminología no os importa demasiado. Ni siquiera sé cómo os gustaría ser definidos. No es vuestro principal problema.

Os han denominado migrantes, inmigrantes, refugiados, extranjeros, solicitantes de asilo, sin papeles o ilegales. Gente patera, exiliados, vagabundos, apátridas. El lenguaje os ha despojado de vuestros nombres y apellidos y os ha agrupado en esta serie de términos, muchos maliciosos, como el que os califica fuera de la legalidad. Ningún ser humano es ilegal, la inmigración no es un acto delictivo, no infringe ningún código penal, y a pesar de ello siguen insistiendo para empequeñeceros, reduciros a la nada, a conceptos negativos.

Vuelta una vez más a Hannah Arendt, que añadía otra denominación, con el valor de ofrecerla desde el lado de los silenciados por sistema: «En primer lugar, no nos gusta que nos llamen refugiados. Nosotros nos llamamos unos a otros recién llegados. Queremos rehacer nuestras vidas, eso es todo». Arendt fue considerada extranjera en su propio país, Alemania, por ser judía, y tildada de sospechosa en su nación de acogida, Francia, por ser alemana. Apátrida al serle retirada la nacionalidad por el gobierno germano en 1937, al invadir Francia la Alemania nazi dos años después, fue encerrada en un campo de concentración hasta que en 1941 pudo escapar a Estados Unidos. En 1951 obtendría la nacionalidad estadounidense.

Los adjetivos con la que os identifican contribuyen a elevar más todavía las barreras al jerarquizaros y añadir un plus de competitividad a vuestra situación. A un lado os colocáis los solicitantes de asilo. Más adelante, si el proceso avanza de forma positiva, recibiréis el estatuto de refugiados o acreedores de protección internacional. Por otra parte, estáis los llamados inmigrantes económicos. No huis de una de esas guerras que aparecen en los informativos y en las que se acumulan los enviados especiales de los principales medios de comunicación. La mayoría procedéis de países con condiciones estructurales de pobreza y miseria, golpeados por conflictos ignorados y con dificultades para acceder a derechos básicos. El debate semántico se desplaza de esta manera al burocrático al establecer ya de inicio diferencias notorias entre ambos grupos. En el caso del aprendizaje del idioma, en España un solicitante de asilo tiene derecho a un mínimo de quince horas semanales de clase en la fase de acogida. En el mejor de los casos, una persona del segundo grupo, atendida en el programa de Atención Humanitaria, puede recibir un máximo de cinco horas semanales de lengua en los tres meses de estancia que permite este programa. Su progresión en el idioma una vez superado el trimestre ya dependerá del interés personal y de aquellas organizaciones que ofrezcan clases de forma altruista y sin apoyo institucional. Los agravios comparativos entre ambos tipos de migración propiciados por el sistema se extienden a otras facetas que ya no son objeto del tema tratado.

Antes de ver denegada o concedida la petición de asilo, vosotros, los del primer grupo, pasáis por una espera interminable llena de trámites que se eternizan y que en muchos casos no llegáis a comprender. Os dan una tarjeta roja, a veces una simple hoja, y ese es vuestro presunto salvoconducto, el documento o el papel que acreditará cómo os considerarán a partir de ese momento. La tenéis que renovar cada seis meses y el día que toca acudir a la oficina en clase transmitís vuestra angustia, vuestros miedos, vuestra incertidumbre, vuestra ignorancia ante lo que está por suceder. Si se renueva, vuelta a la ruleta que no deja de girar, a seguir en la cola, mirando el teléfono, preguntando sin encontrar respuestas, aguardando a que se cumplan otros seis meses y pasar por la misma tesitura. Mientras, venís a clase, otros faltáis, tratáis de superar los problemas, los compartís, los guardáis, algunos aprendéis español, otros nada o muy poco. Pero, sobre todo, seguís esperando esa llamada, esa comunicación, una noticia. Es tal la desesperación que incluso algunos preferís una negativa a continuar alargando el trance.

Y mientras tanto, el profesor empeñado en diferenciar los pasados, memorizar las irregularidades del presente y practicar un futuro que se os desvanece con el paso de los días. Entre todos os llenamos la cabeza de otro idioma que os resulta ajeno, el de la burocracia, el de las siglas, el de los acrónimos. Os veis sitiados por términos técnicos como apelación, admisión a trámite, solicitante de asilo, extranjería, Dublín, CAR, CIE, recurso, tarjeta roja, resolución, denegación, UE, Ministerio, FRONTEX, ACNUR, apátrida, CAR, CEMI, NIE, renovación, trámite, cita, convocatoria, alquiler, desahucio, impago, fianza, proceso de selección. Toda lengua tiene también su reverso.

En el rincón, los estudiantes del programa de Atención Humanitaria tenéis tres meses, que pueden ser ampliables a seis, y cinco horas lectivas semanales de español como máximo. Normalmente empezáis con un extra de motivación que os va abandonando conforme cogéis constancia de la situación en la que estáis. Algunos ni siquiera empezáis las clases, tenéis la mente puesta en desplazaros cuanto antes al lugar donde os espera un familiar o un amigo. El goteo de altas y bajas en estos cursos es diario, es un continuo empezar temario, revisar y otra vez al inicio. El sistema, los plazos y los horarios que se estipulan solo llegan para impartir unos contenidos basados en nociones básicas. Cada semana el mismo ritual, caras nuevas en las primeras filas, abandono de otras, el reparto de cuadernos y bolígrafos, las explicaciones sobre el curso y pinceladas sobre el nuevo idioma.

Algunas veces os habéis acercado al final de la clase y me habéis preguntado por qué teníamos tan pocas horas lectivas y sin embargo otros compañeros con los que convivíais disponían de más. Respondía con evasivas, con la certeza de que la sinceridad en esta ocasión no serviría para nada.

Otras veces ni siquiera se os han podido ofrecer clases, con el sistema desbordado, sin horarios, sin profesores, sin aulas disponibles. Veníais, a veces tras una larga caminata, y teníamos que deciros que no era posible, que no podíais entrar al aula, que esto no funcionaba así, que se os avisaría cuando fuera posible, un momento que casi nunca llegaba. Se ponían parches, se os mezclaba en niveles y programas, se aumentaban las ratios, pero ni aún así se podía evitar la negativa al acceso a numerosas personas, la mayoría en ese periodo tan duro en el que esperan la acogida en un centro.

Vosotros sois muchos alumnos, también me refiero a los que tuve en Francia. Entonces erais niños, algunos adolescentes, hoy seréis adultos a los que no reconocería si coincidiéramos en alguno de los trenes del extrarradio parisino.

Vosotros y aquella experiencia todavía sois recurrentes en las noches de insomnio. Recuerdos de aquel París tan diferente al de la Torre Eiffel y el Champ-de-Mars, que no olía a cruasán ni a baguette recién hecha, del que no escribieron Ernest Heningway, Oscar Wilde o Molière. Un París alejado de la postal y de los veinte distritos, sin el bullicio de los turistas, inexistente en las guías de viajes. El primer día asistí estupefacto a esa transformación desde la ventanilla del tren que me transportaba a ese extrarradio, una ciudad que se escindía en decenas, todas ellas calcadas, como dispuestas en un plan arquitectónico de meticulosa ejecución. Veía cómo se pasaba de la ampulosidad de la arquitectura de los distritos centrales a los barrios colmena, con esas torres firmes en fila india milimétricamente ordenadas, y a sus pies esas plazas rectangulares en las que destacaba la ausencia de verde. Zonas en las también hay espacio para lo inesperado, porque entre tanta uniformidad se puede colar el último proyecto del arquitecto de moda de turno. Si hay que experimentar que mejor que empezar por allí.

Mi París era aquel, el de los diez millones de habitantes, el mismo del que nunca os alejabais vosotros. Era también el del RER D silencioso a las seis de la mañana, el del contador de días uno igual que al anterior y más similar que el siguiente. Aquella *banlieue* era como tantas otras, plagada de restaurantes kebab, de bares en los que el café se bebe lo más cargado posible, plazas en los que la chavalería manejaba un lenguaje riquísimo en matices y muy imaginativo que me costaba descifrar y el rap era la música oficial.

Cada mañana cogía aquel RER D en el que nadie hablaba y bajaba en Gonesse, donde me subía a un autobús en el que coincidía con muchos de vosotros, que me evitabais sin ocultarlo. El primer día me perdí y fui a parar a un cementerio situado en las cercanías del establecimiento. Entré y una vez que percibí que lo que me rodeaban eran tumbas me desesperé tratando de encontrar la salida. En las alturas aullaban los aviones recién despegados del aeropuerto Charles de Gaulle, a apenas unos kilómetros. Había leído que el municipio era conocido porque fue donde se estrelló en el año 2000 un Concorde, una tragedia que no dejó supervivientes.

El año académico estuvo cargado de situaciones complejas. Pensaba que en este contexto escolar nadie podía estar por debajo de mi nivel de francés hasta que me entrevisté con los padres de una de las alumnas. Les cité para hablar del comportamiento de su hija, una de las más agitadoras de los cursos que me tocaron, con un largo historial de sanciones. El método punitivo, como tantas veces, no estaba funcionando. Su tutora me recomendó hacerlo ante el progresivo deterioro de su actitud durante las clases. Era importante que los padres vieran que el profesor mostraba preocupación, que no era indiferente, me explicó. Al menos, me dije para reafirmarme, que tuvieran la constancia de mi existencia, de una asignatura, el español, a la que no se concedía demasiada importancia y, ya en último lugar, del problema, otro más a sumar.

La tarde de la cita estaba nervioso. Compañeros más veteranos me habían advertido de trances con padres amenazadores y desafiantes que se sentían ultrajados por tener que afrontar un acto de este tipo. Al otro lado de la mesa circular situada en el exterior de la sala de profesores, en el rincón más escondido posible, me encontré a dos personas superadas por la situación y con las que apenas podía intercambiar algunas palabras en francés, idioma en el que reconocían sentirse incapacitadas. Nada de ese terror que otros me habían anticipado. La madre me explicó que habían llegado a Francia buscando un mejor futuro para sus dos hijas. Él trabajaba a rachas y ella limpiaba casas en París. Me transmitieron su impotencia por no poder controlarla. La joven se aprovechaba de su dominio del francés para engañarles cuando le convenía. No sabían qué hacer. El idioma como mecanismo de dominación.

Muchos de los estudiantes son los hijos de la emigración. La mayoría hablan francés mejor que sus padres. Una parte sueña con ser futbolistas, diseñadores de moda o cantantes de hip hop, otros quieren ser funcionarios, empresarios, abogados o doctores. A pesar de que les separan apenas veinte minutos en tren del centro de París algunos ni conocen la capital. «Aquí tenemos todo», me dicen uno de los primeros días, sin especificar que con ese todo se refieren a espacios abiertos para jugar, un McDonald's y todo el tiempo muerto del mundo para rellenar.

Sami canta un tema de su grupo favorito, PLZ. Letras que hablan de una juventud desencantada, que vive el día incubando malestar. Su padre es de Costa de Marfil y la madre francesa de origen de Martinica. Dos antiguas colonias. Sami se lía cuando en clase trata de responder a la cuestión de su procedencia. Los padres de Nusrat vienen de Bangladesh. La adolescente se sienta en la tercera fila y no se le quita la cara de susto que mostraba a su llegada. Empezó en el colegio con el curso ya iniciado. Su familia acaba de llegar y pesar de la situación de emergencia en la que se encuentra, alojadas sus cinco componentes en dos habitaciones de la casa del amigo de un familiar lejano, sonríe al interactuar con ella y se esfuerza en lo imposible, seguir el ritmo de las clases de español cuando apenas puede balbucear lo más mínimo en francés. A su lado se sienta Guilherme, otro de los recién llegados. Viene de un pueblo cercano a Estoril. Pasa una semana y su cara sigue sin expresar emoción alguna, hecho que se le comunica a la trabajadora social del centro. Tampoco responde cuando se le interpela en portugués, extrañado porque un adulto de este colegio del que no entiende nada ni a nadie le hable en su lengua de referencia.

La docencia adquiere plenitud en circunstancias como las vividas en centros de estos perfiles. Cada día y casi cada clase es un reto superado, uno menos hasta llegar a meta y uno más que se acumula en el bagaje. No hay hora intrascendente o insípida. La intensidad y el estrés que se alcanzan son difícilmente comparables a otras situaciones laborales. Hay que estar pendiente de cerca de cuarenta personas, la mayoría sin interés en ti ni en lo que se les explica, por todo el entusiasmo que se ponga, y con una minoría planeando la forma más cruel para desquiciar y fomentar la jarana. El espacio para la compasión y el paternalismo que podrían surgir se desvanece rápido. Aquí no se trata de cambiar el mundo, defender los derechos humanos o ayudar a construir una sociedad mejor. Es cuestión de seguir adelante, educar en lo posible y hacerse respetar, y luego ya vendrá el resto.

Tendencias de nueva ola como el aprendizaje colaborativo, por proyectos, la gamificación o clase invertida se encuentran en otro ancho de banda, conceptos insípidos al servicio de un sistema diferente al que funciona en tantos otros lugares como el descrito, aunque el fondo de alumnos, docentes e instalación siga inalterable.

Todavía hoy recibo algún mail de aquel colegio con notificaciones sobre vosotros, estudiantes con problemas de comportamiento, con sanciones, convocatorias de reuniones o con novedades sobre libros digitales. Alguien no me borró de la lista de direcciones.

En París también me senté al otro lado de la mesa del profesor. Fui alumno de clases de francés durante varios meses en unos cursos que organizaba una asociación benéfica en el distrito en el que vivía por aquel entonces, el XVIII. Las clases se desarrollaban en su área menos conocida. Los turistas no accedían esta zona, se quedaban en Montmatre o haciéndose fotos en el Muro de los Te amo de la Place des Abbasses. En la Chapelle compartí pupitre con vosotros, malienses, senegaleses, argelinos, moldavos y algún italiano tan perdido como yo. Las clases se desarrollaban en medio de un caos organizativo. Tres días a la semana en escenarios diferentes, a veces incluso teníamos que desplazarnos a otros distritos. Los lunes dábamos la lección en una iglesia que abría para nosotros el sacerdote encargado y los miércoles nos tocaba una guardería. Los viernes no eran fijos, podían ser en cualquier sitio. Cada clase la daba un profesor distinto, que no se coordinaba con los restantes. No había temario y las fotocopias eran una rareza. Las clases salían adelante dependiendo del interés que ponía el docente que tocara.

Los miércoles lo pasaba realmente mal. Al aula acudían dos jóvenes recién licenciados que se repartían al alumnado. Sufría cuando nos encargaban tareas escritas y advertir que casi la mitad del alumnado mostraba fuertes deficiencias formativas en esa área. Mientras duraba la actividad, Mamadou esperaba inquieto sin saber qué hacer con el bolígrafo y el papel. Yo me tensaba y me asaltaban las ganas de dejar la mesa y ponerme al lado de la pizarra y dar un giro al rumbo de la lección. El pudor y la falta de nivel en francés lo impedía. Trataba de ayudar en lo posible a aquel que me tocaba al lado, pero me martirizaba esa ansiedad que la bisoñez del profesorado generaba justamente en quién más precisaba de lo contrario. Sentí como mío el sofoco por el que pasaban algunos de mis nuevos colegas, obligados a ejecutar tareas para las que no estaban ejercitados y a poner en práctica mecanismos de habla que no habían sido practicados previamente. Me asombraba comprobar que, pese a todo, Mamadou y el resto seguían acudiendo a las clases de los miércoles como un trámite por el que había que pasar para no ser excluido del programa, que penalizaba las ausencias no justificadas.

Aguanté el curso completo, no aprendí demasiado, aparte de largos listados de vocabulario descontextualizado e hice alguna amistad que todavía conservo y que me regaló algunos de los mejores platos que degusté jamás, sabores que el paladar desconocía. La interculturalidad va mucho más allá de la gastronomía, aunque eso no quita que fueran deliciosos. Pero, sobre todo, gracias a este curso académico tan singular, hoy reconozco la importancia de la formación antes de entrar en el aula, de no minusvalorar a ninguna persona revisando su bagaje académico y que cuando miro a un estudiante y veo la cara de Mamadou y de muchos de vosotros reflejada, algo falla. La sesión, o yo mismo, debemos ser planificados de otra forma.

6. EL FUTURO

Les veo llegar, intercambiar saludos, tomar asiento y preparar el material. Por mucho empeño con el que se levanten muros, se fabriquen vallas, crezca la xenofobia y se agite el miedo, el movimiento nunca se va a detener. Ahora están aquí, en clase, pero sé que se marcharán algún día y el aula volverá a llenarse de otros rostros que aún no conozco. Me pregunto dónde estarán ahora esos cientos de alumnos con los que me crucé por clase en algún momento, los que dejaron huella y los olvidables, aquellos de los que recuerdo nombre, apellidos y detalles imperceptibles para muchos y esos otros que cayeron bajo los efectos de la mala memoria. Incógnitas sin resolver, si volveremos a vernos, dónde y en qué tipo de situación, si recordarán quién fue su profesor durante aquellos meses tan extraños que sucedieron a su llegada a España, si me saludarán o me evitarán. Me interrogo acerca de si seguirán por aquí, si habrán retornado voluntariamente a su país de origen, si habrán sido deportados o habrán continuado camino buscando un destino más favorable. Si la vida les habrá sonreído o les habrá seguido poniendo trabas en esa ruta hacia el renacer. Si habrán mejorado el nivel de español con el que abandonaron las clases, lo habrán mantenido o puede que empeorado. Si estarán bien de salud o habrán sufrido algún percance significativo que haya obstaculizado su devenir. Qué habrá pasado con Supun, si seguirá soltero, con Mamadou, si continuará trabajando en aquel restaurante, en el que firmó engañado un contrato del que se valían para explotarle, si Ngouda habrá conseguido reunirse con su hermano en una localidad de Barcelona, si Souleymane habrá llegado a París tal y como deseaba y habrá podido cruzar esa frontera que tanto temor le producía, si Abdoulaye proseguirá su mejora de la faceta escrita. Si habrá alguno que haya conseguido el permiso de residencia, el carnet de conducir, el estatuto de refugiado y hasta la nacionalidad. Si habrán superado el nivel A2 en otros cursos y con otros profesores y habrán seguido subiendo en el escalafón sin necesidad alguna de exámenes estériles. Si habrán empezado a acumular certificados, diplomas o títulos que puedan servirles para algo más que para coleccionar polvo, para haber encontrado ese trabajo tan anhelado. En qué grado les habrá desestabilizado la pandemia y el confinamiento. Si habrán conseguido acceder a una vivienda digna y si pueden llegar a fin de mes con la suficiente solvencia para hacer frente a los costes.

Si, en definitiva, algo de mí habrá quedado en ellos como tanto de ellos permanece ya para siempre en mí.

AGRADECIMIENTOS

Este libro no hubiera sido posible sin la gente con la que he compartido y comparto aula y vida.

Ellos están fuera. Nosotros nos quedamos dentro.

Agradecimiento a la paciencia, ejemplo, consejos, apoyo, profesionalidad y amistad de Octavio, Elena B, Mohamed S, Fátima M, Stephan, Jorge, Benja, Aurora, Fran, Alicia, Pastrana, Acaymo y Carmen. Y, sobre todo, a Zola.